LA SIFRINIDAD:
★ VIDA Y OBRA
DE UNA
TRIBU
URBANA ★

ELIAS ASLANIAN

Para Caracas, por ser cuna verde.

*Para mi otra ciudad, por su locura, su derroche
y sus enseñanzas.*

*Para mis hermanas, por ser ellas.
Siempre ellas.*

La sifrinidad: vida y obra de una tribu urbana
Elías Aslanian

Diseño
Sarah Bedrosian
Corrección
Editorial Negrita y Cursiva
Foto de portada
Retrato de Désirée Facchinei Rolando, Miss Venezuela 1973,
por Tito Caula. Cortesía del Archivo Fotografía Urbana.

Maracaibo, Venezuela
2020

contenido

prólogo
sólo para cualquiera
y no para resentidos
por carlos egaña

Y cada vez con mayor claridad
me hablaba el aviso de aquellas inscripciones:
"¡No para cualquiera!" y "¡Sólo para locos!"
hermann hesse

Pablo Prosperi, mi tatarabuelo, fundó el Caracas Country Club. A inicios del siglo pasado decidió, junto a otros inmigrantes europeos, que su destino en la capital venezolana no sólo sería enriquecerse, sino causar envidia. Si en sus países natales –en el caso de mi tatarabuelo, Francia– nunca dejarían de ser pequeños burgueses, si ya se les habían adelantado quienes apoyaron a Lutero y a Robespierre, si los antes aristócratas que comían polvo tenían mejor reputación que ellos, dotarían sus apellidos de ínfulas en una ciudad lejana. "Caracas, ¿qué carajo, por qué no?", dijeron seguramente al optar por la urbe norteña antes que Río de Janeiro o Buenos Aires. Y así como en Río de Janeiro o Buenos Aires son demasiado pocos los que piensan en casas en Boca Ratón y en canchas de polo cuando oyen el apellido Prosperi, Pablo presenció cómo la Sucursal del Cielo fue el helio que infló el ego de mis bisabuelos, mis abuelos y mis padres.

Durante algunos años me apenó este pasado. Las tías que expresaban lamento y disgusto ante todo, sin hacer nada en casa de mi abuela en Valle Arriba, los compañeros en el liceo Los Arcos que no veían cosa alguna fuera de su burbuja con orgullo, la desconexión total entre mis intereses y los de mis pares en Camurí cuando yo era un chamo me frustraron hasta el rencor: ¿cómo es posible -me preguntaba- que gente con tantas posibilidades sea tan limitada?

Convertí el privilegio que se asocia a lo sifrino en mi enemigo, en vez de pensar en el porqué de mi privilegio, de cómo aprovecharlo. ¡Hasta escribí una novelita llamada *Traición de clase* en un arranque de despecho, como si la pelirroja que me rompió el corazón en ese entonces encarnase a todas las niñas de su entorno!

Si hubiese leído *La sifrinidad* de 'Elías Aslanian' en mis peores crisis sobre mi entorno, estoy seguro de que no habría abandonado compromisos importantes, de que no habría comentado tan públicamente y con tanta malicia de ciertas amistades, de que no habría tomado la angustia como bandera. También estoy seguro de que para muchos venezolanos que se detestan y se deprimen al verse solos en el país por la diáspora o cuestionados afuera por su privilegio, *La sifrinidad* será una pastilla bastante recomendada, tanto por sus cualidades ansiolíticas como por sus cualidades estimulantes.

El libro de Elías es un excelente tratado sobre la identidad. Más allá de que combine el rigor investigativo con un lenguaje encantador, –de tal modo que supera la queja patética de los expertos que escriben para otros expertos a la vez que lamentan la ignorancia de las masas– sus páginas aúllan la necesidad de algunas personas que –de acuerdo con la propaganda chavista que los acusa de identificarse más con expresiones culturales extranjeras que nacionales– se llenan de ansiedad al reconocer su diferencia y la intentan controlar al seguir estereotipos, más todavía cuando la tiranía los señala como enemigos de guerra. Que haya sido escrito al final de una década en que la identidad se ha discutido vehementemente, hasta el punto de motorizar intentos de sedición, movimientos anti-inmigratorios y pretensiones de volverla un tabú, indica su relevancia. Hacía falta un libro así para dotarles un pasado, una base, a quienes anhelan una vida *normal* en Venezuela cuando no saben si sentirse como fracasados o como parásitos por depender de sus padres para un techo.

Profundicemos en mi fijación con la identidad a la hora de reseñar *La sifrinidad*. Etimológicamente, la palabra se separa en *id*, ello, y *entitas*, esencia, por lo que literalmente significa "esencia de ello" o "esencia de lo otro". No se define desde el yo, el colectivo, el pueblo, sino desde la presencia de una tercera persona. Desde una cabeza que observa o es observada, pero que no recibe mis palabras ni las dice. Desde una vida que está excluida del intercambio cotidiano pero que se reconoce como posible interlocutor, es decir, que no se parece a mí ni a quienes creo que se parecen a mí, pero se le otorga el derecho de existir, se presume su capacidad de socializar, se le concibe como humano. La palabra contiene en su origen el reconocimiento del *otro* como inteligente, sea comprensible o no, por lo que se comparten y respetan sus necesidades de comunicarse, expresarse, promover intercambios. El contraste entre el privilegio y etiqueta que su familia pervive y la decadencia bulliciosa de la Venezuela chavista ha sido el fantasma y la musa que no dejan dormir a Elías desde que tiene consciencia, y sospecho que son el motivo por el que la antropología que construye sobre la sifrinidad reproduce con destreza el concepto con todas sus sutilezas.

No podemos explorar la importancia de la identidad en el conocimiento que se discute y el poder que se exige en el presente sin hacer mención de Anthony Kwame Appiah, probablemente el autor más citado sobre el tema. En su seminal *Ethics of Identity*, Appiah parte de las dudas existenciales que marcaron su educación entre Ghana e Inglaterra para preguntarse por los motivos y los límites que coinciden en todos los hombres a la hora de construir una identidad. Concluye tres requisitos: primero, que exista una etiqueta, un nombre compartido que permita el reconocimiento entre semejantes; segundo, que la etiqueta tenga un significado para quienes la utilicen, cosa que deviene en los ritos, las tradiciones y las creencias que –cuando se comparten por muchos que jamás se conocerán y se convierten en ley en un territorio delimitado– fundamentan nacionalidades; tercero, que signifique algo para los demás, sin importar si corresponde a las creencias que tiene el grupo etiquetado sobre sí. Las palabras de Elías nos delimitan el sentido de lo sifrino en el tiempo, sus expresiones socioculturales y sus estereotipos también, por lo que podemos discutir la categoría en el mismo nivel que lo *queer*, lo *punk* o lo negro.

Claro está, para Appiah, hay tales cosas como identidades tóxicas. Son aquellas que se asocian a proyectos morales que implican la exclusión de otras –pensemos, por ejemplo, en el yihadismo. Tal vez sea radical afirmarlo, pero si nos regimos por la etimología de la palabra, ni siquiera deberíamos tratar como identidad lo que profesa un grupo sin reconocer al *otro* ni reconocerse como otro posible. Más allá del nivel de condena, no cabe duda de que hemos de combatir a quienes pretenden imponer sus diferencias como normalidad. Por suerte, las identidades se construyen a través de la razón, su sentido no lo atribuye la naturaleza, la misma etiqueta puede tener tantos sentidos se negocien por quienes la usen con el paso del tiempo. La nación alemana, cuya definición por varios años justificó el trato de comunidades como circos, ya no se piensa con una misión expansionista ni toma los genes como punto de partida.

Creo que el motor de estas identidades tóxicas es lo que Pankaj Mishra llama *ressentiment*. Esto se define como:

> *"An existential resentment of other people's being, caused by an intense mix of envy and sense of humiliation and powerlessness,"* que, *"as it lingers and deepens, poisons civil society and undermines political liberty, and is presently making for a global turn to authoritarianism and toxic forms of chauvinism."*[1]

Podríamos decir que es el odio compartido por un grupo claramente delimitado hacia otro, también delimitado, que pretende su destrucción por considerarlo motivo de sus miserias. Queda claro que tal odio se cree necesario para la existencia del grupo.

Muy a menudo, los movimientos que se fundamentan en el *ressentiment* inspiran en su antagonista prácticas y expresiones del

---

1   "Un resentimiento existencial del ser de otras personas, causado por una mezcla intensa de envidia y un sentido de humillación e impotencia," que "mientras se extiende y profundiza, envenena la sociedad civil y socava la libertad política, y que presentemente está haciendo un viraje global al autoritarismo y formas tóxicas de chovinismo".

mismo talante. Claramente, muchos de quienes vean su existencia amenazada por otros que les proclaman la guerra, responderán con fuerza. Pero la supervivencia se convierte, en ocasiones, en dominación; la defensa se convierte en ofensa. Se multiplican, pues, prejuicios del uno hacia el otro que parecieran justificar el odio que, insisto, no es más que un constructo. Lo vemos en Venezuela, donde alocuciones gubernamentales que han señalado a los hijos de inmigrantes europeos como culpables de la desigualdad, se han pregonado como verdad para quienes se identifican con el chavismo, por lo que algunos idiotas han propuesto bombardear los barrios, proclamados como fuente de legitimidad por los líderes chavistas, para dejar de ser amenazados. Muy bobamente, caí en la trampa del *ressentiment* al tomar comentarios racistas y clasistas de algunos sifrinos hacia quienes no comparten su *modus vivendi* como base de toda la sifrinidad, como si mi afición por los idiomas y la competencia no tuviese nada que ver con mi entorno.

Ante esta realidad, *La sifrinidad* puede leerse como un manifiesto contra el resentimiento. Por un lado, Elías hace hincapié en que lo sifrino se origina en y se nutre constantemente de lo extranjero, de lo diferente, por lo que nace y se sustenta en el reconocimiento de la otredad. Así pues, los sifrinos que se creen mejores que los demás y los discriminan por no reflejar sus privilegios, contradicen la misión de sus abuelos y bisabuelos de conseguir lo mejor en el encuentro con lo desconocido. Por otro lado, Elías revela que la construcción y consolidación de lo sifrino van ligadas al desarrollo de la democracia en Venezuela; por ende, lo sifrino va de la mano de la pluralidad, del entenderse como unos más y no como los únicos. Por último, que en *La sifrinidad* se lea la reafirmación de una etiqueta en un tiempo donde ha sido denotada tanto, sin que se promueva en oposición a tantas otras como se ha visto en el discurso de políticos y pensadores autoritarios en el s. XXI, connota su intención de intercambio, de romper prejuicios.

Para comentar este libro, también hace falta resaltar *Sifrizuela*, la cuenta de memes manejada también por el mismo Elías y previamente también por un tal 'Ignazio Baietti'. Como lo hizo el pop-art ante la industria cultural estadounidense, @*sifrizuela* satiriza y celebra lo sifrino al mismo tiempo. Podemos ver entre sus publicaciones burlas a los uniformes de marcha y las muletillas que usan las niñas del este de Caracas, así como defensas radicales del uso de la palabra "pelo" en vez de "cabello". De tal manera, @*sifrizuela* sirve como pilar para redescubrir y redefinir lo sifrino –para renegociar el sentido de una identidad, para mutarla–. Si el progreso se logra en una "larga marcha a través de las instituciones," como diría mi admirado Rudi Dutschke; si el cambio más positivo se hace desde dentro de lo que se critica, hemos de referirnos a la cuenta de Instagram para fomentar la mejor Venezuela.

Vale acotar que, si revisamos las métricas de *Sifrizuela*, damos con que solo el 46 % de sus más de setenta mil seguidores se ubican en Venezuela. Si hemos de suponer que estos, en su mayoría, se identifican con lo que se ensalza y mofa en la cuenta, entonces la cuenta ha fungido como pegamento para una identidad que ha peligrado con desintegrarse. La cuenta, quiero decir, ha abierto el camino para que muchos sonrían ante sus orígenes y busquen darles vida en un futuro –para que el presente sea llevadero–. El libro, como complemento, sería la historia que hace falta para que el pegamento sea cemento y no de barrita. No dudo en afirmar que la labor de Aslanian en la palabra y la imagen será fundamental en hacer ver que quienes hemos sido tildados de no ser de aquí –y, por ello, no ser de ningún lado–, somos parte fundamental de Venezuela. Nuestra historia no es la de una burbuja, sino la de todo un país. No hay que dejarnos convencer por la propaganda chavista, mejor hurgar entre las páginas de *La sifrinidad* y reclamar un futuro en nuestra casa.

Tal vez lo que le faltó al libro de Elías fue detenerse en el sifrirock, el género que algunos asocian a bandas formadas en colegios privados del Este –el género que reimpulsó la industria musical del país en la primera década del s. XX. Después de todo, que canciones como Flamingo de La Vida Bohème, Indeleble de Los Mesoneros y Guerra de Americania acompañasen mi gran despecho fue algo que siempre me delató. No obstante, no creo que esto implique que las páginas del libro estén incompletas. Más bien, estoy seguro que, bien circunscritas a su enfoque, darán pie a discusiones y estudios que contemplen el sifrirock y muchas otras expresiones culturales que serían imposibles sin lo sifrino.

Para cerrar este prólogo, advierto que *La sifrinidad* es un libro solo para cualquiera y no para resentidos. Sifrinos o no, quienes hurguen en sus páginas se enriquecerán con historias que han sido olvidadas o sepultadas, comprenderán más su entorno y se volcarán hacia la simpatía. Quienes, llenos de odio, busquen justificaciones para su rabia, serán demasiado ciegos para entenderlas o sufrirán un vacío al asimilar lo estúpidos que se ven cuando fruncen el ceño. En cualquier caso, en la línea de los lamentos de Luis Jiménez, no me cabe duda que Elías Aslanian ha escrito con una tinta indeleble que dejará a todos sus lectores manchados.

la era
laura pérez

hola gordo, permíteme presentarme: yo me llamo laura pérez, la sin par de caurimare.

medio evo
"laura pérez" (1982)

capítulo I
la era laura pérez
(1973-1983)

EN PLENO 1973, –cuando Estados Unidos despertaba con migraña de los años embriagantes de los sesenta y se enfrentaba a hordas de estudiantes pacifistas con flores en sus manos– la guerra explotó nuevamente en Medio Oriente. Entre sesos rojos que se desprendían de las cabezas yiddish de soldados israelitas y las cabezas con kufiyya de soldados palestinos, los jeques árabes de la OPEP se reunieron y declararon un embargo petrolero a Estados Unidos como castigo por su apoyo a Israel. La crisis se hizo sentir rápidamente como un estruendoso temblor energético que hundió al país más poderoso del mundo en recesión, transformándolo en un panorama pos–contracultural de gasolineras abandonadas y americanos blondos empujando sus autos en las autopistas desoladas. La guerra culminó al cabo de un año, pero dejó su rastro en la forma de precios del petróleo que se dispararon estrepitosamente hacia las nubes. El primer mundo –apogeo de la industria–, se sumió en una dolorosa fiebre económica al mismo son que en el sur, entre chaguaramos y querrequerres, Venezuela se regocijaba con el alza de los precios del petróleo que hervía bajo sus lagos y selvas.

El mismo año, el adeco[1] Carlos Andrés Pérez ganó la presidencia con avasallante clamor popular y fotos enérgicas brincando sobre charcos, liderando al país en la nueva bonanza a medida que la región se transformaba en un *playground* patriarcal de tiranos y generales. Caracas se estremeció de escalofríos ante el nuevo frenesí petrolero, sintiendo a nuevos rascacielos brutalistas salir de los suelos mientras una riqueza frívola dejaba su marca por la "Gran Venezuela",

---

[1]   Del partido Acción Democrática, partido socialdemócrata.

como denominó el presidente a su gran proyecto de modernidad, o la "Venezuela Saudita" como fue apodada popularmente. La civilización del oro negro[2] –nombre que le dio el escritor uruguayo Eduardo Galeano– se convirtió en una de las naciones más ricas del mundo, y su capital en un símbolo de simultánea opulencia y miseria en un país donde el petróleo apenas había sido nacionalizado. El Medio Oriente seguía haciendo de las suyas, pues el alza de los precios del petróleo continuó una vez que el Sha de Irán fue derrocado en 1979 –enjoyado emperador que escapa de radicales barbudos– y dicho país se enfrentó con la Iraq balística de Saddam Hussein. Mientras tanto, en Venezuela, producto del *zeitgeist* afluente resultante de aquella alineación de las constelaciones que fueron estos eventos mundiales, surgía como una extraña flor plástica del pozo negro –como resultado accidental, colateral, de tanta belicosidad petrolera en regiones distantes– una nueva subcultura de jóvenes: los sifrinos.

¿Qué es un sifrino? 'Sifrino(a)', un venezolanismo puro inexistente en otras naciones hispanohablantes[3], ha evolucionado desde su introducción. Aunque sifrino ha servido en diferentes momentos como adjetivo de múltiples significados tanto para designar conductas –ser sifrino ha podido significar ser materialista o consumista o superfluo o esnob o *pantallero*[4] o como forma despectiva hacia personas adineradas– la palabra inicialmente describía a los jóvenes burgueses. Su uso variado y actitudinal se remonta a algunos de los primeros registros escritos de la palabra tales como cuando Orlando Albornoz, en el año 1979, dice que el marxismo-leninismo

---

2   Galeano, E.: *Nosotros decimos no: Crónicas*. Madrid, Siglo XXI (1989).

3   En el resto del mundo hispanohablante existen términos, en diferentes niveles de similitud significante, para designar grupos similares: gomelos/pupis en Colombia, pelucones en Ecuador, pitucos en Perú, pelolais/cuicos en Chile, chetos en Argentina, Paraguay y Uruguay, jailones en Bolivia, yeyés en Panamá, pipis en Costa Rica, fresones/fufurufos en Honduras, caqueros en Guatemala, fresas en México, Nicaragua y El Salvador, comemierdas en República Dominicana y Puerto Rico (donde también se usa guaynabito) y pijos en España. En Cuba el término está ausente debido a su rígida estructura comunista que no permite la existencia de una subcultura de jóvenes afluentes y americanizados.

4   Venezolanismo: jactarse de o pretender ser algo que no se es.

venezolano es "una moda, una postura sifrina"[5]. Del mismo año data la definición de Aglaya Kinsbruner cuando mencionó la palabra en su artículo "El argot de los jóvenes" publicado el 13 de mayo en el suplemento Séptimo Día del diario *El Nacional.* En el texto, donde se hace un compendio de argot nuevo juvenil, se define a sifrino o sifrina como "muchacho o muchacha demasiado 'burgueses'". Con más antigüedad que el escrito de Kinsbruner, el cual el Diccionario de Venezolanismos considera erróneamente como el primer registro escrito de "sifrina", el término aparece en el artículo satírico de noviembre de 1978 "Reglamento de la pava sifrina" de Luis Britto García en la revista El Sádico Ilustrado (n. 8), donde define a la sifrina como una pava de clase media "que se comporte como pureta" y como "toda pureta que se comporte como pava"[6], agregando así un componente ridículo a cierto tipo de mujeres de clase media.

La evolución del término "sifrino" y su uso se evidencia en los diferentes significados que se le asocian a la palabra sifrina entre el artículo de Britto García de 1978 y el de Kinsbruner apenas un año después. Mientras los sifrinos de Kinsbruner son jóvenes "demasiado 'burgueses'", es decir, niños ricos (significado que tomaría predominancia a medida que avanzaran los años, en especial con el estreno de la canción "Laura Pérez, la sin par de Caurimare" en 1982 con su "yo me río de Janeiro, con dinero en la cartera"), la sifrina de Britto García es "una niña de clase media cuyo sueño es parecer jailosa" mientras que "la pava jailosa" –es decir de la *high*– sueña con "parecer balurda" (o sea, vulgar y de bajo nivel social) y esta a su vez sueña con "parecer clase media": sifrina. Así, toda palabra crece y cambia, como buen organismo, y rápidamente 'sifrino' fue excluyendo otros significados hasta convertirse en un significante del extremo opíparo de la pirámide social –en contraposición al otro extremo: el marginal, el niche, el malandro, el tierrúo, el mono, el balurdo, etc. Es decir, creando una alteridad con otras figuras urbanas

5   Albornoz, O.: *La formación de los recursos humanos en el área de la educación.* Caracas, Monte Ávila Editores, (1979).
6   Britto García, L.: "Retrato de la pava sifrina", *El Sádico Ilustrado* N. 8, (1978).

que hacen vida en "espacios heterotópicos, mutuamente ininteligibles, sus identidades proyectan posicionamientos radicales frente a los otros como enemigos" en la misma ciudad a través de "imaginarios fóbicos" que "se extienden con mayor fuerza" en las primeras décadas del siglo XXI a medida que "la polarización político-ideológica desde ese momento recurre a esa histórica polarización social (clasista y racializada) para generar adhesiones y hacer prosperar sus proyectos"[7]; dividiendo así el imaginario popular en "la figura del malandro como el límite exterior del ciudadano decente" y el sifrino como "heredero del orden formal" y asociando lo popular con el barrio que parece más "un pueblo tradicional que un sector de la ciudad"[8] y al sifrino con "las urbanizaciones", donde se concentraría "el ideal occidental de modernidad" ideado por "planificadores, ingenieros y tecnócratas fragmentadores".[9] Así, el sifrino funciona como actor social en "los problemas" que vienen de la "dialéctica sociocultural" resultante del deseo de la élite venezolana "de formar parte de Occidente y su empeño de llevar al resto del país hacia su esquema cultural" y así "hacer de Venezuela un país moderno".[10]

De esta manera, el significado de grupo –dentro de una clase social– en torno a sifrino se hizo pronto una designación concreta y específica, inseparable como chicle bajo suela de zapato, para un cierto grupo juvenil que hacía su puesta en escena, como resultado del boom petrolero, con sus idiosincráticas maneras de ser, vestir y vivir. Sifrino tuvo un proceso evolutivo similar a la palabra inglesa *punk*: de significar una variante de significados sumamente disparejos –prostituta en los tiempos de Shakespeare, el rol pasivo en una relación homosexual de prisión desde el siglo XIX, generalmente significar un

7   Caraballo Correa, P.A.: "Caracas heterotópica. Espacios identitarios y fronteras simbólicas". *Revista Mexicana de Sociología*. (2019).

8   Moreno, A.: "Superar la exclusión, conquistar la equidad: reformas, políticas y capacidades en el ámbito social", parte de *La colonialidad del saber*. (2000).

9   Caraballo Correa, P.A.: "Caracas heterotópica. Espacios identitarios y fronteras simbólicas". *Revista Mexicana de Sociología*. (2019)

10   Straka, T.: "La república de dos siglos", parte de *La república fragmentada*. Caracas, Editorial Punto Cero, (2015).

delincuente juvenil, etc.– punk eventualmente sirvió de nombre para aquella subcultura de *mowhaks* rojos, chaquetas de cuero y distintivo género de rock que emergió en el Nueva York y Londres de clase trabajadora de los años setenta.

Hecho más preciso el significado, y especificado 'sifrino' como sinónimo de "niño bien" o (despectivamente) "hijo de papi y mami", 'sifrina' se convirtió en un término para describir a un tipo de muchachas blancas de clase media-alta o clase alta que vivían en el este de Caracas, iban a colegios católicos de monjas y pasaban sus vacaciones en Miami u otras ciudades en el exterior. ¡Miami! Esta ciudad en el sur de Florida se convirtió, ante el maremoto de petrodólares, en el nuevo centro comercial de los venezolanos tras el boom petrolero[11]. Del otro lado del Caribe, los venezolanos descubrieron una ciudad habitada por latinoamericanos –aquellos vecinos de países pobres que veían con esnobismo– y cocodrilos. Casi como una nueva colonización en nombre del consumo, al mismo tiempo que se asentaban extranjeros andinos en Venezuela, los venezolanos hicieran la ciudad suya y convirtieron a los *malls* y a los hoteles de lujo en símbolos de la venezolanidad. En esta ciudad norteamericana, Meca sifrina, los sifrinos se gestaron como subcultura y la llevaron consigo a la Sucursal del Cielo. Entonces, la palabra sifrino –ahora una subcultura de jóvenes afluentes y americanizados– tomó su verdadero y más amplio significado, su esencia, su sangre, sus venas: *"Sifrino adj./sust. Dícese de la persona, generalmente joven, que posee gustos y actitudes aburguesadas y cuyos gestos, indumentaria, lenguaje, etc., reflejan modas propias de clases sociales elevadas"*[12]. Ser sifrino no implica esnobismo ni superficialidad (eso es "cotufería"): hoy, sifrino es el nombre de aquellos miembros de una subcultura urbana, resultado de la sociedad de consumo y del incompleto proyecto modernizante

---

11   Ver documental "Mayami Nuestro" (1982) de Carlos Oteyza.

12   Composición a base de varios significados. *El Diccionario de Americanismos* (2010) define la palabra como "adj./sust. Ve. Referido a persona, lechuguina, de gustos sofisticados o fatuos, y con cierto aire despectivo frente a lo que considera socialmente inferior. pop"

desatado por el petróleo, que se caracteriza por su actitud aburguesada hacia la vida. Porque la sifrinidad –y sus actitudes, la sifrinería o el sifrinismo– es como el pachulí (perfume rechazado por los sifrinos), que es más que un olor: es una actitud hacia la vida.

Los sifrinos son, entonces, miembros de una subcultura –como lo fueron, en Estados Unidos, los *hippies* y los *punks*–; un grupo minoritario dentro de la sociedad a la que pertenece pero que mantiene sus características propias intactas y que, de acuerdo a la socióloga cultural Sarah Thornton basándose en Pierre Bourdieu, eleva su estatus y se diferencia de los otros grupos a través del capital subcultural[13] –es decir, a través del conocimiento cultural y las comodidades adquiridas por los miembros de la subcultura–. Serían, así, los sifrinos parte de una tribu urbana (que el sociólogo francés Michel Maffesoli define como un microgrupo de personas que comparten cosmovisiones, estilos de vestir y patrones de comportamientos similares[14]) que conforman un sector de las clases media alta y alta[15] y que ha sido considerablemente influenciada por la extensiva sociedad de consumo americanizada que el petróleo ha ocasionado en Venezuela y por el proceso de la modernidad; siendo esta un período o estado socio-político que es "históricamente rastreable" a procesos occidentales, haciéndolo "ontológicamente occidental-céntrico"[16] pero cuya "manifestación eventual" en "naciones tardías" crea un "producto sintético que debe ser igualmente similar y diferente de aquel de las naciones occidentales"[17] –más en Venezuela, cuyo acercamiento

---

13   Thornton, S.: *Club Cultures: Music, Media and Subcultural Capital.* Middletown, Wesleyan University Press, (1996).

14   Maffesoli, M.: *El tiempo de las tribus: el ocaso del individualismo en las sociedades posmodernas,* Madrid, Siglo XXI Editores. (2004).

15   Aunque todos los sifrinos son de clase media-alta y alta, no todos los ricos venezolanos son sifrinos: tal es el caso de latifundistas en las provincias, familias inmigrantes que acumulan mucho capital pero no consumen conspicuamente, boliburgueses y otros grupos.

16   Ndlovu-Gatsheni, S.J.: *Empire, Global Coloniality and African Subjectivity.* (2013). Traducción del autor.

17   In Kang, J.: *Western-Centrism and Contemporary Korean Political Thought.* (2015). Traducción del autor.

sifrino adj./sust. dícese
de la persona, generalmente
joven, que posee gustos
y actitudes aburguesadas
y cuyos gestos, indu-
mentaria, lenguaje, etc.,
reflejan modas propias de
clases sociales elevadas.

a la modernidad resultó en sinónimo de un estado mágico provisto al igual que sus líderes de un 'poder mágico' "para reconstruir una nación afectada por décadas de mando militar e inestabilidad política" que los "transformó abruptamente en 'agentes del progreso' y de la 'modernidad'"[18], creando así una fetichización del petróleo por parte de los habitantes y haciendo a la modernidad un sinónimo de sociedad de consumo y de grandes obras de infraestructura: una modernidad espectacular, usando "técnicas visuales y espaciales" que sirviesen para "escenificar deslumbrantes exhibiciones" de progreso[19]. Es de esta modernidad incompleta, de la similitud y la diferencia de aquel producto híbrido con la modernidad occidental, de donde surge el lastre del espíritu del sifrino: la desidentificación "con su comunidad cultural" pues "no se sienten de acá, sino más bien de los lugares a donde quieren marcharse"[20], pero de los cuales paradójicamente tampoco se sienten parte; derivado de aquel mimetismo de las clases afluentes de los países periféricos hacia los países del núcleo, "de la dificultad de ser criollo" en palabras del historiador Germán Carreras Damas, que produce una incomodidad y falta de pertenencia ante el estado de lo local como también ante la realidad de lo extranjero: ni del caos de aquí ni de la realidad desarrollada de allá; híbridamente occidental –como Latinoamérica y el Caribe, cuya suma de sus partes no logra atinar un todo–.

★

Los primeros sifrinos verdaderos (verdaderos como aquellas aves prehistóricas que por vez primera volaron sobre todo tipo de reptil emplumado y quimérico), jóvenes de la emergente clase media-alta y clase alta de la Venezuela Saudita, representaban el ascenso de

---

18   P. Hevia, Review: Fernando Coronil, *The Magical State: Nature, Money and Modernity in Venezuela.* (1997).
19   Brillembourg, C.: *Beyond the Supersquare: Art and Architecture in Latin America after Modernism.* (2011).
20   Straka, T.: "La larga tristeza (y esperanza) venezolana". *Nueva Sociedad.* (2015).

un nuevo grupo socioeconómico, hijo de los inmigrantes del Viejo Mundo que llegaron durante la dictadura militar de Marcos Pérez Jiménez y durante las dos décadas previas y también los venezolanos de clase media profesionales que se beneficiaban de la bonanza petrolera. Eran la culminación, tardía en Venezuela, del auge de la burguesía resultante del capitalismo y la industrialización que en nombre de la modernidad aspiraban a acceder a los privilegios de la antigua élite feudal y latifundista (bien contraponía Britto García a 'la pava sifrina' con 'la pava jailosa'[21]), de aquellas oligarquías de origen colonial que ahora añejaban y se hacían anacrónicas en una Venezuela de silvestres plantaciones abandonadas, jets con venta aérea de perfume *Lanvin* y descomunales importaciones desde los *States*: eran un síntoma del proyecto modernizante que anunciaba el petróleo.

Aun así, dando un brinco hacia un pasado castizo y de haciendas envueltas por la niebla avileña, el sifrinismo en Venezuela traza sus ancestros remotos a tiempos anteriores al boom petrolero. Los ancestros evolutivos de esta especie exótica –distantes, como las ballenas distan de aquellos extraños mamíferos semiacuáticos similares a nutrias con hocico de caimán– fueron los hoy decimados mantuanos que alguna vez, siendo no más de cien familias, rigieron las desconectadas provincias de acentos disímiles que componían casi a la fuerza a aquella gigantesca plantación chocolatera creada por arte de magia borbónica que fue la Capitanía General de Venezuela. Por trescientos años –bailando el minueto, comiendo hallacas preparadas por esclavos, preservando arcaísmos de los tiempos de Cervantes y posteriormente leyendo a pensadores franceses– la clase mantuana rigió (en directa tensión con sus superiores, los blancos peninsulares) el poderío económico de la colonia venezolana. El poder oligárquico del mantuanaje, más que por los pocos títulos de duques y condes que algunas familias habían comprado a la corona o por los apellidos pesados y cargados –como buena

---

21   Britto García, L.: "Retrato de la pava sifrina", *El Sádico Ilustrado* N. 8 (1978).

nobleza endogámica– de taras genéticas en sus miembros, era directo resultado de los conquistadores (siendo los mantuanos sus descendientes) que entre sangre y viruela habían ultrajado las tierras de las múltiples etnias indígenas que hacían vida en las selvas y montañas de lo que sería Venezuela. El término 'mantuano' derivaba de manta, puesto que esta casta era el único grupo social que poseía la permisión distintiva de que sus mujeres –sumamente católicas y de rostros andaluces y vascos– usaran finas mantas negras de encaje al acudir a misa en las iglesias y catedral de aquella Caracas que servía de capital provinciana en algún rincón recóndito y olvidado del Imperio Español. Aun así, el título de mantuano quedaba reducido a las élites caraqueñas (como los Bolívar, Tovar, Herrera, Blanco, Palacios, etc.) que miraban con desdén a las demás 'aristocracias municipales'[22] (como las llamó Alexander Von Humboldt en su visita a Venezuela) tales como los Lossada, los Troconis, los Antúnez, etc. que hacían vida en torno al Lago de Maracaibo; los Picón, Febres Cordero, etc. en los Andes; los Garcé, García de Quevedo, Zárraga, etc... con sus grandes casonas en Coro y las demás familias hidalgas de provincia que comían pastel de morrocoy en Cumaná o fastuosas cenas de comida marítima en la isla de Margarita.

La guerra de Independencia, capricho mantuano contra los blancos peninsulares, detonó con la entrada del siglo diecinueve y lo que había iniciado como una alineación de eventos políticos confusos –entre un gobernador afrancesado depuesto, una España ocupada por fuerzas bonapartistas y unos jóvenes mantuanos influenciados por las ideas de Rousseau y Jefferson– terminó deviniendo en una brutal zarzuela de sangre y llanto. El mantuanaje, cual conejo en fauces de sabueso, fue despedazado y bañado en sangre después de *la Terreur* desatada después del "año terrible" de 1814 y el conflicto que duró más de una década. Caracas se despobló penosamente, mientras sus habitantes escapaban en tristes caravanas hacia el oriente

---

22   Von Humboldt, A.: *Viaje a las regiones equinocciales del nuevo continente.* Tomo 4, Caracas: Ediciones del Ministerio de Educación, Dirección Cultural y Bellas Artes (1807; 1956).

o –ciertos mantuanos desesperados– tomando botes y desapareciendo en el horizonte caribeño para hacer vida en las Antillas.[23] De las maneras más tortuosas y sanguinarias, José Tomás Boves hizo realidad el sempiterno pánico mantuano de un alzamiento pardo una vez que sus campañas genocidas barrieron las provincias de blancos tras declararle "la guerra a todos los blancos" en Guayabal[24]. Las fortunas se deshicieron y las tierras rebosantes de café y cacao desvanecieron ante el fuego mientras que los hombres –de uniforme rojo y azul– murieron a caballo en valles y praderas y las mujeres fueron violadas por mercenarios y soldados ebrios. Las pestes remataron a aquellas almas exhaustas que habían sobrevivido a la bayoneta, los linchamientos públicos y el hambre.

La guerra culminó y de la nube de pólvora surgió una república disfuncional y arruinada. Desprovistos, y empobrecidos, los remantes mantuanos se vieron forzados a incluir en sus salones y sus nuevos congresos y asambleas a nuevos hombres de poder –caudillos de campo desligados de sangre noble Habsburgo– que evitarían más años de colérica violencia o la culminación de la limpieza étnica iniciada por Boves[25]. Pero aquel patriciado intransigente y endogámico fue quebrándose a medida que caudillos y nuevos ricos, "algunos extranjeros, hasta jefes militares, muchos de color"[26], fauna nueva que brotaba de la hecatombe independista, tomaban renombre en el pos-mantuanaje despoblado y deshecho. Miguel María Lisboa – representante del Brasil imperial llegado a Venezuela en 1843– escribía en 1853 que temía que "esos restos de la antigua clase hidalga", modesta y afable, desaparecería "en breve sumergidos en

23   Guerra Villaboy, S.: *Breve historia de América Latina.* Panamá, Ruth Casa Editorial, (2014).
24   Liévano Aguirre, I.: *Los grandes conflictos sociales y económicos de nuestra historia.* Tomo II, Bogotá, Intermedio Editores (1960).
25   Fundación John Boulton, *Política y Economía en Venezuela 1810-1976.* (1976).
26   Straka, T.; "Claves para entender a Venezuela", parte de *La república fragmentada.* (2015).

el proceloso mar de las ideas republicanas".[27] Y con el estruendoso grito de "¡muerte a los blancos y a los que sepan leer y escribir!" vino la Guerra Federal, con carácter de antigua guerra de castas contra los blancos y los propietarios de las tierras que apodaban 'godos'[28], y el mantuanaje fue desprendido del poder; transformado en anacrónica especie en peligro crítico de extinción. Ya poluta, la sangre mantuana en las venas azules pero descoloradas de la élite se diluyó con caudillos llaneros, bastardos empoderados, pardos con ínfulas de blanco y todo tipo de patriarca nuevo brotado de cien años de conflicto civil. "Después de 1864", dice el historiador Tomás Straka, "ya no será taxativo en Venezuela pertenecer a la élite criolla para ascender al poder. No se acaba con la estructura altamente vertical y socioeconómicamente desigual, pero se le hace más permeable". [29]

De mente colonial y eurófila, las élites derivadas del mantuanaje completaron su mescolanza de linajes al casar a sus hijas de rostro castizo y coquetería de abanico con la gama de comerciantes británicos y alemanes –y en ocasiones, italianos, holandeses y franceses– que hacían fortunas en aquella república disfuncional a través de la creación de toda suerte de casas comerciales en ciudades costeras, industrias, bancos e innovaciones tecnológicas que ofrecían sacar a Venezuela de su medioevo tropical. Fue durante este período que Venezuela intentó dar su segundo gran salto hacia el capitalismo, tras el abrupto final –con la crisis de café de 1840– del desarrollo de un capitalismo propio y emprendedor desde las élites venezolanas de la pos-Independencia. Así, desde la década de 1870 hasta entrados los años cuarenta del siglo XX, los césares venezolanos –bajo lo que Diego Bautista Urbaneja llama el proyecto positivista-liberal– buscarían lograr un capitalismo nacional y llegar a la modernidad "con los caminos –si de hierro, mejor– y las infraestructuras que hicieran,

---

27   De Lisboa, M.M.: *Relación de un viaje a Venezuela, Nueva Granada y Ecuador.* (1853; 1986).

28   Este término aún se usa para designar a sifrinos y adinerados en ciertas zonas remotas de la nación como Carora, estado Lara.

29   Straka, T.: "A 150 años de la federación: lo que hemos sido y lo que somos", parte de *La república fragmentada.* (2015).

con la llegada de inmigrantes" europeos y la inversión extranjera de ingleses, alemanes y franceses.[30]

Aquella élite hibrida y afrancesada (que escondía ciertas raíces no deseadas a través del blanqueamiento social, volvía a la endogamia aristocrática cual mantuanos y alardeaba del positivismo de Auguste Comte) hizo a la Caracas patricia de *fin de siécle* y del *interbellum* una exquisita villa francesa de placeres y dulzuras parisinas. Retratada en las obras de Teresa de la Parra o en "La Trepadora" de Rómulo Gallegos, los patricios caraqueños dejaban sus casonas de origen mantuano en la decaída Altagracia –cercana al hispano casco histórico que los conquistadores habían fundado– y se establecían vistiendo esmoquin y vestidos parisinos en El Paraíso, con sus avenidas de palmeras y sus chalets de estilo *belle époque*, donde se escuchaban sinfonías clásicas y se tomaba el five o' *clock tea*. Pero el foxtrot hizo mover las piernas blancas de las hijas de sociedad y Nueva York se hizo más atractiva que Paris y, buscando jugar golf, El Paraíso fue gradualmente reemplazado por el Caracas Country Club que nacía de una recomendación de Nelson Rockefeller. Así, llegado el siglo veinte, "las compañías ferrocarrileras alemanes e ingleses se sustituyeron en el tablero por las compañías petroleras, también inglesas y progresivamente estadounidenses[31]" bajo el criterio de conectar al país con el capitalismo.

Y las décadas pasaron, haciendo vida entre bambúes y casonas con canchas de tenis y piscina en el Country, y la ciudad estalló hacia las colinas del este a medida que la clase media proliferaba y la rápida movilidad social –resultado del petróleo que había reemplazado la agricultura de antaño y había provisto educación universitaria gratis y masiva, en crecimiento con el pasar de cada década– introdujo actores nuevos a una élite cuya distinción oligárquica desaparecía ante el ascenso de clases medias y masas de inmigrantes de confines lejanos –principalmente España, Italia, Portugal, Siria y

---

30   Straka, T.: "Historia trágica de la libertad", parte de *La república fragmentada*. (2015).
31   Ídem.

el Líbano, como también de otras naciones europeas y árabes tales como Grecia, Hungría, Rumania, Yugoslavia, Alemania, Polonia, Rusia, Marruecos, Palestina o Francia– que hicieron de las calles de Caracas un hervidero de mil lenguas.

Esta transformación social –gestada por nuevas clases medias e inmigración masiva– era urbana en su quintaesencia, pues venía de la mano de un "súbito crecimiento en importancia" que transformó a Caracas en lo que Francis Violich, asesor americano del Plano Regulador de Caracas de 1951, llamó "metrópoli instantánea" a medida que "sumándose a inmigrantes de Europa y América, las personas del interior comenzaron a llegar masivamente en uno de los más abruptos movimientos del campo a la ciudad en la historia de América Latina".[32] A la par de este movimiento, las empresas petroleras extranjeras en Venezuela desarrollaban "paisajes urbanos y estándares de vida muy distintos a los existentes en el país" a medida que "instituciones foráneas y medios de comunicación contribuyeron a difundir el sentido de un moderno *American way of life*, no sólo entre la élite adinerada sino entre las clases medias".[33]

De esta forma, Venezuela deja de ser una nación rural y se convierte en una nación urbanizada, pasando su población urbana de 24.72 % en 1941 a ser 69.29 % en 1971, pues a medida que "la economía petrolera se consolida, el proceso de urbanización también lo hace"[34]. Este proceso hizo de Caracas una urbe más "heterogénea y compleja" con un proceso acentuado de "invasión-sucesión" y contrastes sociales más evidentes que eventualmente llevan a una marcada segregación dentro del marco de una "estructura espacial y funcional urbana altamente diferenciada".[35]

Este cambio socioeconómico representaba el triunfo de la modernidad estadounidense, puesto que "los instrumentos conceptuales

32   Archivo Fotografía Urbana. "Arquitecturas Itinerantes En CCS: Entre Los Estados Unidos y Venezuela". Prodavinci. (2017).
33   Ídem.
34   Martínez Tirado, N.: "Incidencias Del Proceso De Urbanización En Venezuela", *Revista Geográfica* No. 102 (1985).
35   Ídem.

para enfrentar este proceso conspicuo de metropolitanización se trasladaron desde las fuentes francesas a las estadounidenses con la creciente influencia hemisférica de los Estados Unidos" después de la Segunda Guerra Mundial[36]. Así, en una Caracas de nuevas torres del *international style*, "nuevas formas de intercambio comercial bajo patrones noratlánticos dominaron –y aún lo hacen– el paisaje" caraqueño.[37]

Estos patrones comerciales noratlánticos a su vez modificaron el comportamiento social puesto que "el *mall* y el supermercado se convirtieron no solamente en lugares de consumo y compras de bienes y servicios por excelencia, muchos de ellos importados, sino en privilegiados escenarios de la vida social" y los automercados proveían una "una oportunidad única para que los venezolanos tuvieran contacto con el sistema de compras *self-service*".[38]

Entraba así Venezuela a su largo amorío con la sociedad de consumo, con un orden social basado en la interminable adquisición de bienes y servicios que convertía al trabajador y al consumidor en uno y el mismo. Y a su vez, el consumismo –y su cultura popular de telenovelas, boleros, concursos de belleza y revistas de chismes– representaba cambios culturales más profundos: libertad, por "el derecho a vestir o beber o comer como desees"; democracia, "porque solo se hacen esos productos que la gente verdaderamente le gustan"; y –claramente– capitalismo.[39] Así, para 1970, la sociedad y la economía venezolanas finalmente –ahora bajo el marco del proyecto democrático, en reemplazo al positivista-liberal– están plenamente articuladas con el capitalismo, aunque rentista: es decir, "por conducto de la renta petrolera, redistribuida por el Estado y por sus decisiones políticas de industrializar y fomentar un empresario moderno, una

36   Archivo Fotografía Urbana. "Arquitecturas Itinerantes En CCS: Entre Los Estados Unidos y Venezuela" Prodavinci. (2017).
37   Ídem.
38   Archivo Fotografía Urbana. "Arquitecturas itinerantes en CCS: entre los Estados Unidos y Venezuela" Prodavinci. (2017).
39   Ferguson, N.: *Civilization: The West and The Rest*. (2011).

clase media y un estilo de vida alineado con el estadounidense"[40]; un proyecto desde el subdesarrollo pero liberal, causado más por los valores de la élite gobernantes –añorante, al menos en términos ideales, de capitalismo y libertades desde la independencia– pues normalmente el petróleo conduce a lo contrario: a "regímenes ultra poderosos con respecto a la sociedad, muy poco amigos de la libertad".[41]

Los hombres y mujeres de la élite vieja, los protosifrinos hijos de la aristocracia de aquella Caracas patricia y gentil que se convertía en metrópolis de vidrio y concreto, pronto se codearon con todo aquello que traía el ascenso de nuevos grupos. Protosifrinos aristocráticos por excelencia, nacidos en abundancia décadas o años antes del influjo masivo de inmigrantes y el despegue de la clase media, fueron el intelectual Arturo Uslar Pietri; las ganadoras del Miss Venezuela Mariela Perez Branger y María Auxiliadora de las Casas McGill; la diseñadora Carolina Herrera; aquellos empresarios de apellidos con abolengo como los Zingg, los Boulton y los Mendoza y el francófilo intelectual de derecha –casado con ilustre inmigrante rumana judía– Carlos Rangel.

Entonces, llegada la democracia a finales de los cincuenta y derrochado el petróleo nacionalizado en los setenta, nacieron los primeros sifrinos. Resultados de la selección natural que en un momento hizo y después extirpó al mantuano y a toda especie posterior pero previa a la sifrinidad, los sifrinos fueron formados a base de petróleo por el dios POP que les dio hábitat en un jardín de palmeras artificiales de *shopping mall* mayamero donde cometieron su pecado original al pasar la tarjeta de crédito y, condenados, fueron expulsados del jardín –por un ángel de Hollywood con espada de Paco Rabanne– a las colinas de piscina y tenis del este de Caracas.

Así, los sifrinos fueron producto *custom-made* y endémico de aquella nueva América Latina de rascacielos de vidrios, favelas,

---

40   Straka, T.: "Historia trágica de la libertad" parte de *La república fragmentada.* (2015).

41   Ídem.

televisiones y supermercados que los escritores chilenos Alberto Fuguet y Sergio Gómez bautizaron como el país de McOndo[42]: "grande, sobrepoblado y lleno de contaminación, con autopistas, metro, TV-cable y barriadas", donde "hay McDonald's, computadores Mac y condominios, amén de hoteles cinco estrellas construidos con dinero lavado y *malls* gigantescos".[43]

A diferencia de sus predecesores, los sifrinos no se inspiraron en el antiguo elitismo europeo –de aristocracias barrocas, sinfonías clásicas y cursis teatros franceses– si no de aquella cultura pop frenética y multicolor de los Estados Unidos, con su rock n' roll, sus *blujeans* y sus electrodomésticos espaciales. Esta nueva especie, emisión color *Twister* de la cultura pop americana, se despidió del francés y se enamoró del inglés porque *o sea hello, y muérete que chao.*

★

El fundamento de todo grupo socioeconómico privilegiado –y por ende de todo grupo inferior en respuesta– está en sus gustos, en su distinción de "el otro" [44], y los recién nacidos sifrinos no titubearon para crear su distinción. *Estos chetos o fresas*[45] venezolanos convirtieron al nuevo este de Caracas, con sus urbanizaciones de nombres bucólicos y casas que parecen museos de mueblería o hacienda plástica, en un panorama de embotellamientos de carros –*es un vasto garaje rodeado de horror y desesperanza*[46]– y de eléctricas vallas publicitarias salpicando las colinas cual flora extraña y metálica. Como un nuevo intercambio colombino, llegaron de sus vacaciones en las destellantes metrópolis del norte y trajeron

---

42   País simbólico que quizás se manifestó frontalmente mucho antes en Venezuela, México o Brasil que en Colombia, Perú o Guatemala.

43   Fuguet, A., Gomez. S. *McOndo.* Barcelona, Mondadori, (1996).

44   Bourdieu, P. *La Distinción.* Barcelona, Taurus, (1979).

45   Nombre con el que se conocen a los sifrinos en Argentina y México respectivamente.

46   País simbólico que quizás se manifestó frontalmente mucho antes en Venezuela, México o Brasil que en Colombia, Perú o Guatemala.

consigo las modas y las discotecas; las tiendas y el cine; los restaurantes y los grandes templos sifrinos: ¡los centros comerciales! En esta ciudad hecha recientemente cosmopolita, con su valla Savoy y su valla Nivea, la juventud aburguesada invadió los psicodélicos pasillos del C.C. Chacaíto y del Paseo Las Mercedes y los hicieron centros de la "contracultura" (término que en este caso no describe el hipismo americano o el marxismo venezolano de los sesenta, sino la psicodelia estética traída de Estados Unidos y Londres) a través de lugares como el restaurante Le Drugstore –famoso por sus merengadas y perros calientes enormes–, la discoteca *posh* Le Club (club exclusivo de estilo inglés con un mural de cacería de zorros y alfombras escocesas donde frecuentaba el más alto escalón de la sociedad venezolana) o la tienda de ropa londinense Carnaby Street. Los sifrinos también hicieron suyos el centro comercial Concresa, con sus zapaterías Charles Jordan y Matignon, al cine de la torre Humboldt y al CCCT con la icónica discoteca City Hall y su piso multicolor. Caracas vio la proliferación de gastronomía francesa –tales como el histórico Le Coq D'or, Aventino o Lasserre– como también la aparición de nuevos centros nocturnos, como The Flower y la Morocota (donde rumbeó Aristóteles Onassis), y de boutiques de moda como Gucci, Emilio Pucci o Yves Saint Laurent. De la modas psicodélicas y del *Swinging London*, el "caleidoscópico escenario de color, moción, ritmos y altos decibeles hallados en las discotecas de otros países, fueron copiados en Caracas por Jacques Del Sol, quien abrió su lujoso Hippopótamo en 1966, seguido por La Morocota, de Franco D'Andreis y Manolo Rigueiro, ambas decoradas por J.A. Guerra"[47] para después decorar otros locales nuevos como "el Le Club caraqueño, que fue abierto en 1967 por el 'catire' Oscar Fonseca Kolster (con Margarita Zingg) y Bertil Kalem (también fundador de Le Dugstore inaugurado en diciembre de 1970)".[48] Al mismo son fiestero y petro-derrochador, la antigua aristocracia

47   López-Contreras, E. "Así surgieron las discotecas en la escena nocturna de ambos lados del Atlántico" Diario Las Américas. (2016).
48   Ídem.

de viejas venas mantuanas y las nuevas fortunas inmigrantes o petroleras –que ya ascendían y hacían puesta en escena– celebraron
descomunales y opíparos festejos de toda índole (epítome social de
la Venezuela Saudita) con flores traídas de Holanda, clásicos valses,
vestidos pomposos diseñados por el francés radicado en Caracas
Guy Meliet o por la italiana Piera Ferrari (con su boutique nupcial,
favorita de las niñas de la alta sociedad, en Paseo Las Mercedes) y
el estruendo de mega-orquestas tropicales de ayer y de hoy: Billo's
Caracas Boys (fundada en 1940), Los Melódicos (fundada en 1958)
y la gaitera Guaco (fundada en 1968).

Resultado del consumo desenfrenado, Miami y Aruba pasaron
a ser territorios federales, espiritualmente hablando, de Venezuela.
Como símbolo de la vanguardia aérea con su piso de Cruz-Diez[49], el
aeropuerto internacional de Maiquetía no solo fue la sede de Viasa
–línea aérea de lujo, orgullo de los venezolanos, que conectaba a
Caracas con las grandes metrópolis del mundo– si no en uno de los
hubs del supersónico Concorde de Air France. La economía convertía al país en el más rico de América Latina –ya de por sí siendo
su democracia ejemplar, ¡el gran orgullo![50]– y en uno de los veinte
más ricos de la tierra, sobre Grecia, España e Israel.[51] Las nuevas
autopistas y rascacielos se celebraban con whisky escocés –el país
era ahora el mayor importador de la tierra en este producto– y se
pretendía atraer al turismo con eslóganes idealistas.[52] Venezuela se
vanagloriaba en las páginas de la revista National Geographic [53] bajo
el pomposo título "Venezuela: Crisis of Wealth" mientras el presidente le regalaba un buque a Bolivia, país sin mar, al ritmo de la aprobación de todo tipo de leyes estrafalarias: desde asistentes de baños

---

49   Artista cinético venezolano.
50   Hasta los años ochenta, los analistas políticos veían a Venezuela como la
democracia más estable y dinámica de la América Latina.
51   F. Rodriguez, R, Haussman, Venezuela Before Chávez: Anatomy of an
Economic Collapse. (2014).
52   "Venezuela es un continente", "Venezuela: el secreto mejor guardado del
Caribe".
53   National Geographic Magazine. Vol. 159. N.2. (Agosto 1976).

mandatorios en los baños públicos hasta asistentes de ascensor por mandato en las grandes torres. Delirio petrolero, sueño de medianoche de verano caribeño, Venezuela se había convertido en la nueva frontera de la modernidad –y del exceso–.

Aun así, las publicidades de Viasa con playas bonitas y mujeres de caderas anchas y bikinis pequeños parecían esconder un lado más indeseado y séptico de aquel reino extraño de rascacielos y represas que se alzaba sobre la selva. Venezuela prometía ser una nación desarrollada llegado el año 2000: los bolívares se derramaban sobre la mesa, la salsa sonaba en las casas de una clase media que se hinchaba y compraba Ford nuevos, las secretarias hablaban argentino y uruguayo, los colombianos y dominicanos mandaban remesas a sus tierras afectadas por la violencia o la miseria y en los barrios color óxido –comiendo pasta con sardina y tomando cervezas Polar– se instalaban nuevos televisores. Pero Caracas seguía siendo una isla de prosperidad hostigada por un anillo de miseria, de cientos de miles de viviendas informales de agua amarilla y techos de zinc con madres adolescentes y niños de vientres hinchados en sus *cerros* colindantes (porque las clases medias y altas vivían en *colinas*, a pesar de no existir verdadera distinción geológica), mientras el fantasma del abandono petrolero aún barría desoladas provincias olvidadas y desprovistas de electricidad, educación o servicios médicos ocasionalmente aprovisionados por ingenuos pasantes universitarios que llegaban en avionetas descompuestas desde Caracas. Las tensiones sociales, cargadas de pasados raciales y de clase, fueron apaciguadas y maquilladas por décadas gracias al mito del mestizaje –intento conciliatorio, exitoso durante los años de armonía resultante de la prosperidad petrolera y la expansión de la clase media– que el gobierno tan hábilmente estableció como narrativa oficial: en Venezuela, democracia racial, todos somos mestizos, mezclados, unidos, iguales. Entonces, a pesar de que las reinas de belleza fuesen rubias y de que las publicidades las protagonizara casi exclusivamente gente de raza blanca[54], toda clase social tragó el mito del mestizaje y de la igualdad social y racial de los venezolanos. Felices, emborrachados de petróleo, la sociedad y la sifrinidad –ingenuos, porque el camino al infierno se pavimenta con buenas intenciones– se hicieron la vista gorda a la punzante desigualdad social que existía bajo la alfombra. Y dijo el coro griego, el pueblo, en el musical "Tu país está feliz" (1971) de Xulio Formoso y Antonio Miranda: "Tu país está feliz. El hambre es cosa de la India, desempleo no existe, no hay ranchos ni miseria, no hay analfabetismo y tú duermes sobre un pozo de petróleo. Los problemas raciales están más al norte, la universidad está llena de negros, hay ministros negros, diputados negros, embajadores negros y tú no eres negro ¿qué te importa? Tu país está feliz, tú estás feliz, todos estamos felices, completamente felices".

En aquellos años locos y de derroche, el mayor componente de la "distinción" de los sifrinos fue el mandibuleo: extraña manera de hablar basada en un fuerte uso de la mandíbula que hace al hablante sonar, según describe el coloquio, como si se tuviese "una papa en la boca". Nadie sabe con certeza de donde se originó esta manera tan peculiar de hablar. Según algunos teoristas populares, los sifrinos adoptaron esta manera de hablar debido a que así sonaba la gente con aparatos dentales y tener aparatos dentales en aquellos tiempos –ya nos adentramos en los ochenta– significaba prestigio (hecho que aún sucede en la actualidad, cuando jóvenes de clase baja se instalan imitaciones de aparatos dentales por simple vanidad en dudosos puestos callejeros). Otros apuntan a que el mandibuleo es una imitación de la fonética del inglés americano, debido a la fuerte influencia americana en esta generación, y unos cuanto más

---

54   Según un estudio del año 2001 del catedrático Jun Ishibashi de la Universidad de Tokio, la presencia de gente negra en piezas publicitarias venezolanas era casi nula. Por su parte, la comunicadora social venezolana Isabel Velásquez de León concluyó en un estudio del 2004 que las mujeres blancas representaban 80% de las 150 cuñas analizadas (El criterio de Ishibashi es dudoso por su historial propagandístico. En 2014 negó las violaciones de derechos humanos cometidas por el gobierno de Nicolás Maduro contra manifestantes.)

consideran que los sifrinos se inspiraron en el *valley speak*[55] de la naciente subcultura de las *valley girls* en Estados Unidos –jóvenes principalmente californianas dedicadas al consumismo– de quienes adoptarían palabras como *whatever* o *gross* junto a su tradicional jerga hoy mayoritariamente obsoleta: *muérete que (sí/no/chao), ¡qué fú!, o sea, que posi, fantabuloso,* jamón (para designar un beso francés), pavo (persona *cool* o joven), gordo/a (el *darling* sifrino), *de muerte lenta* (de muy buen gusto), etc...

En su ya mencionado artículo de 1978 "Reglamento de la pava sifrina", Luis Britto García –con cierta misoginia y postura marxista– procede a hacer un listado de actitudes, gustos y características de las sifrinas de finales de los setenta que demuestran las distinciones que la subcultura había adoptado. Para Britto García, las actitudes y actividades sifrinas (que el autor muestra como seres hipócritas, muy ocupados con 'el qué dirán') varían desde "operarse los tabiques", "estar al día", "llamar la atención", hacer que no se note que está llamando la atención, decir groserías "con cuidadito y dividiéndolas en sílabas", tener una afición por la moda y los cosméticos y temer terriblemente ser considerada un objeto sexual[56]. Britto García, de igual forma, hace un glosario de jerga sifrina –compuesta de "increíble", "muérete", "no puede ser", "no te creo", "qué tierno" y "no te lo pierdas"– y lista de "cosas sifrinas" tales como los colegios de monjas, la Universidad Católica en Caracas, los centros comerciales, las playas cercadas, los restaurantes Tropi-burger, Miami, las tiendas de regalos de bodas, las bodas, las discotecas, los *bowlings*, los restoranes con candelabros, las academias de decoración, las canchas de tenis, las despedidas de soltera, las páginas sociales, los cigarrillos Baby Blue, los libros del psicoanalista Erich Fromm, el libro y franquicia *Amor es*, las obras de Jalil Yibrán, el libro de autoayuda de Thomas Anthony Harris *Yo estoy bien, tú estás bien*, el programa televisivo

---

55   Sociolecto de las Valley Girls, marcado por una voz nasal, la agregación de la palabra "like" inútilmente antes de muchas palabras y el uso de jerga como oh my gosh, that's so bitchen, gross, whatever, etc.

56   Britto García, L.: "Retrato de la pava sifrina", *El Sádico Ilustrado* N. 8 (1978).

Los ángeles de Charlie, el poema *"Sonantina"* de Rubén Darío, "todo lo que parece caro sin serlo" y "todo lo que es caro sin parecerlo". [57] En su retrato, la sifrina "es una rollosa con el rollo de la perfección" y su 'galleta' (es decir, su complicación) "viene cuando trata de ser descuidada de una manera perfecta".[58]

La aparición de la figura sifrina es paralela al advenimiento de otros arquetipos y subculturas afluentes en el mundo –tales como las *valley girls* del suburbano valle de San Fernando en California, los yuppies en las grandes ciudades estadounidenses, los *paninari* de Milano y los *sloane rangers* (epitomizados por una soltera Diana Spencer) en Chelsea, Londres– que aparecieron o proliferaron en las clases medias altas y altas debido a la opulencia y crecimiento económico de los años ochenta, *'the decade of greed'*, causado por las reformas liberales de Reagan y Thatcher; o en el caso de Venezuela y América Latina, y con unos años de adelanto (inclusive en los desplomes financieros que cerraron estos períodos), durante el boom desarrollista de los setenta –aunque el período neoliberal a finales de los ochenta traería sus propias figuras al imaginario popular, como los *IESA boys* de Carlos Andrés Perez–. Al igual que las valley girls, ejemplificadas por el romance de Hollywood de 1983 *"Valley Girl"* y por la canción de Frank Zappa de 1982 *"Valley Girl"*, las sifrinas disfrutaban del consumo conspicuo en centros comerciales, tenían una manera particular de entonar junto a una jerga propia y eran ávidas de tomar sol en la playa. La figura de los yuppies, definidos como aquellos profesionales urbanos y jóvenes que llevaban una vida afluente marcada por el consumo conspicuo y *fashion* durante el reaganismo económico en los Estados Unidos, también tiene cierto paralelismo con los sifrinos de finales de los setenta y de los años ochenta. El columnista estadounidense Mark Rusell describía la vida yuppie en 1985 como tomar una *New Coke* con pasta verde, luego comer un cono de tofu congelado y posteriormente seguir instrucciones de aerobics en video al ritmo del quadri-sonido sintetizado

---

57   Ídem.
58   Ídem.

del módem[59]: es decir, consumo afluente; similar a la descripción de "la chica de los ochenta" en la canción homónima de 1984 del cantautor venezolano Frank Quintero. En esta, describía al epítome de mujer de la década como alguien que le gustan "los perfumes costosos, comer en restaurantes lujosos, los vestidos de nombre y solo te atrae un hombre de una buena posición" además de no ir "sino es en un Mercedes con fecha del año actual", gustarle "los bien parecidos con más de dos apellidos" y cuidar expresarse "con estilo y mucha base" en su "círculo social". Así, la afluente 'chica de los ochenta' de Quintero evocaba paralelismos al yuppie estadounidense en su "mundo material", paralelo a su vez al *"material world"* de otro hito pop de la década avara: *'Material Girl'* de Madonna (1984).

La figura de la sifrina llegó a su pico en 1982: el año de las sifrinas. El epítome del sifrinismo adquirió nombre, apellido y hasta urbanización: Laura Pérez, la sin par de Caurimare[60]; protagonista de la canción homónima del grupo El Medio Evo [61] en la que Laura, como toda sifrina de su generación, celebra su estilo de vida de viajes al exterior, sus aventuras playeras y de bronceo en un Camaro y su desdén bélico hacia los enemigos de su casta (los balurdos, los monos): el retrato de una tribu que, cual *paninaro* italiano, tenía una "estudiada indiferencia hacia el mundo que les rodea", se consideraba apolítica, amaba el consumo y la cultura pop norteamericana y se apropiaba del estilo *preppy* con un toque propio[62]. Oficialmente, los sifrinos habían pasado a ser un fenómeno general de la cultura pop venezolana.

"Hola gordo, permíteme presentarme: yo me llamo Laura Pérez, la sin par de Caurimare".

---

59   Rusell, M.: "New Coke Didn't Fail. It Was Murdered", Mother Jones. (2019).

60   Vecindario en Caracas de clase media-alta y clase alta caracterizado por tener un gigantesco letrero de su nombre en letras blancas sobre una colina a manera de Hollywood caraqueño.

61   La cantante de la banda, Anita Valencia, solía masticar chicle cuando personifica a Laura en conciertos en vivo.

62   Luis, N.: "Paninari, el retorno de la estética de una tribu 'pija; obsesionada por las marcas de moda", Vogue.es (2019). Web.

Todos los balurdos creen (¿Qué es lo que creen?)
que yo soy una sifrina (¡tucu tucu tucutú![63]*)*
y me dicen frasquitera, (¿Frasqui... qué? Chú chú)
safrisca y refistolera.
Yo me pongo bien furiosa (¡Qué cosa!)
porque es muy desagradable (¡Tienen razón!)
y enseguida les contesto (¿Qué les contestas?),
sifrina será su suegra. (¡La tuya! Ajá)
Parece que les doliera (Les duela la muela)
que vaya para Paparo
o a dorarme en Carenero (¡Toma tu tetero!)
con Roberto en el Camaro (maro, maro, maro)

Y por eso no le paro (no le paro metra)
y que digan lo que quieran, (no me importa torta)
yo me río de Janeiro (¿de qué? ¿de qué?)
con dinero en la cartera. (¡ajá!, chúchú)

(Laura, no seas tan sifrina,
que es muy desagradable
calarse tus maneras)[64]
Gordo, a mí eso no me importa
porque a palabras necias,
oídos bradasdrara[65]*.*

(Laura no seas tan sifrina,
que es muy desagradable
calarse tus maneras)

---

63   "Tucu tucu tucutú" sonaba al inicio de las publicidades televisivas de los cigarrillos Belmont, marca sifrina por excelencia, donde una juventud bella y estilosa disfrutaba despreocupada de la playa.
64   El coro de la canción es cantando por personajes terceros a Laura, a manera de un coro griego en las tragedias clásicas.
65   "Bradasdrara": se refiere a la dificultad de entender el mandibuleo en ciertas ocasiones.

la figura de la sifrina llegó a su pico en 1982: el año de las sifrinas. El epítome del sifrinismo adquirió nombre, apellido y hasta urbanización: **laura pérez, la sin par de caurimare.**

Bueno, pero hay quienes me paran,
aunque tú no lo creas,
tararararararara.
Cuando tomo vacaciones,
hago un tour por California,
Tokio, Londres, Madrid, Roma,
y termino en las Baleares.
Mientras los turistas chimbos
llegan sólo hasta Ocumare,
Y algunos a San Francisco
pero de Yare (¡Qué fú!, ¡Qué fú!)
Yo he paseado por Europa, (con ropa, con ropa)
Micronesia, Medio Oriente,
África y la Gran Bretaña (Ese mundo pa' los panas)
y gran parte de Occidente.

Mientras los monos no pelan
cuando dan sus saliditas:
Chuspa, Cúcuta, Bonaire,
Curazao y Margarita.

(Laura, no seas tan sifrina,
que es muy desagradable
calarse tus maneras)

-¿Tú eres Laura, la sin par de Caurimare?
-Sí.
-Oye, yo soy Caramelo[66], el novio de Elinora. Ella me mandó a
buscar unos apuntes de puericultura.

---

66   Probable referencia irónica a José Luis "Caramelito" Branger, joven de clase alta y miembro de una patota afluente, imputado por el secuestro y muerte accidental del niño Carlos Vicente Vegas Pérez, en 1973. Se alega que durante su juicio,
altamente mediatizado, se formaron turbas histéricas de fans enamoradas.

*-¿Tú eres Caramelito, el del windsurf?, ¡Me privo! ¡No puede ser!
toma los apuntes, pero me tienes que prometer que me vas a
llevar para playa Panty a windsurfeare*[67]*.*
*-¿Bueno gorda, qué te parece este sábado?-¡Muérete que no,
porque estoy comprometida con Roberto
y Carolina para ir a la City*[68] *que hay una noche funky-punky!*
-¡Oye que posi!, ¿Y yo no me puedo empatar en esa?
*-¡Muérete que sí!, pero la contraseña es un brazalete de tela
¿Tú no tienes uno?*
-No.
*-¡Fantabuloso!, yo te voy a tejer uno de muerte lenta que combine
con tu bronceado.*
-Oye vale, tú si eres agradable.
-¿Oye, y Elinorita qué?
-Bueno serrucho con ella, tú sabes cómo es.
-¡Ay, muérete, pobrecita!
-¿Bueno y qué te pasó en el dedito, Laura?
*-Muérete que el otro día estaba conversando y tomando un
refresco así, y tenía el dedito tan estiradito que me dolía".*

Es fácil vislumbrar a la joven Laura –quizás con una chaqueta de aviador blanca con rojo, bluejeans altos, una cinta sobre su pelo rubio y calentadores rosas sobre botines mientras hace shopping en Miami– como la personificación de su subcultura. Laura Pérez se volvió el símbolo de una época colorida y frenética, y posteriormente traumática y nostálgica, con su tumbao y sus bombitas de chicle rosa. El personaje ficticio fue la cara de la generación que viajó en Viasa y que el psiquiatra Edmundo Chirinos[69] llamó "la generación

---

67   La "e" al final es una referencia a la modulación exagerada del mandibuleo.
68   City Hall, gigantesca discoteca (al estilo Studio 54 de Nueva York) ubicada en el Centro Comercial Ciudad Tamanaco inaugurada por Gloria Gaynor y donde alguna vez cantaron Donna Summer y Village People. Se alega que rompió el record mundial de vender 200 cajas de champaña Cristal en un año.
69   Psiquiatra, rector de la UCV, candidato presidencial. Violador y homicida convicto.

boba", aquella generación consumista que rechazó las causas falli-
das, de luchas de clases y dialéctica marxista, de los jóvenes izquier-
distas y nada que ver de los sesenta.

El éxito de la canción fue tal, que Laura –interpretada por la joven
de permanente pelinegro Kristina Wetter, futura chef mediática– se
convirtió en la imagen del helado bombón de Helados Tío Rico. En
ellas, se observaban multitudes de jóvenes persiguiendo a Laura en
la playa, en la Plaza Caurimare o en el boulevard de Sabana Grande
mientras comía un bombón de Tío Rico, negando a sus persegui-
dores el placer de probarlo. En una de las cuñas, incluso, Kristina
Wetter en la forma de Laura –por primera vez en compañía de El
Medio Evo– se va de vacaciones a Londres (caricaturesca y hecha
de cartón) "con su bombonero y su manera de hablar" y (flotando,
sujeta por cuerdas) retorna a Caracas –en búsqueda de su Bombón
de Tío Rico– con el pelo más corto y vestida con "la moda punk"
(aunque más bien es un suit azul-turquesa-fucsia, con brillantes, al
estilo Michael o Janet Jackson) para cerrar la publicidad con un
"¡Muérete que punk!". Esta transformación, en la cuña, renombra a
Laura como "punkfrina", aludiendo a aquellas sifrinas de 1984 que
ahora se influenciaban por la recargada moda posmoderna y oscura –de encajes, capas, rosarios y crucifijos– que había establecido la
newcomer Madonna.

Ciertos sectores de la opinión pública asumieron el éxito de Laura
Pérez como una crítica músico-política a los comportamientos mate-
rialistas y frívolos de la juventud high society[70]. Otros, interpretaron
la canción como "una malévola invitación musical a que las clases
medias y bajas asumieran, o al menos intentaran asumir, los valores
representados por las clases altas en el terreno de la vida social de
sus juventudes".[71] Lo cierto fue que "la sifrina y lo sifrinico en general

---

70   De acuerdo a Carlos Morean, integrante de El Medioevo, la intención no fue
crítica ni paródica. La agrupación buscaba mostrar la manera nueva de hablar de la
juventud venezolana. En función a aquello, debido a la "R" sifrina, el personaje fue
llamado Laura Pérez y se le asignó Caurimare como vecindario.
71   Gacitua, A. "La Crónica crítica como diagnóstico televisivo". Revista
Comunicación #47 (1984) del Centro Gumilla.

invadieron y conquistaron la vida y las simbologías sociales impe-
rantes".[72] Laura, encarnando la liberación de los controles paternos,
combinaba "hábilmente los rasgos clasistas con ciertos valores más
o menos rescatables en términos de ideales juveniles y de liberación
femenina"[73] porque "la sifrina es 'liberada', obviamente". Y dicho esto,
Laura, petro-feminista y de tránsito emancipado por el consumo y el
jet set significó la inversión de género de "yo soy la señora de..." por
"yo soy el bombón de esta sifrina".

Pronto, el exitoso programa televisivo Sábado Sensacional –ani-
mado por Amador Bendayán– se vio haciendo un "Concurso de
Sifrinas" donde diferentes muchachas presentaron un sketch ante
las cámaras para desempeñar el papel con la mayor autenticidad
posible. Radio Rochela, el longevo programa humorístico de televisión, hizo sus propias cuñas en directa imitación de la publicidad de
Tío Rico para invitar a espectadores sifrinos a ver el próximo epi-
sodio. Simultáneamente, el Show de Joselo –programa humorístico
de Venevisión, conducido por el comediante homónimo– apropió el
"¿pero qué dijo? ¿qué dijo?" que alardeaba una señora mayor en una
de las cuñas de Tío Rico al escuchar a Laura y sus amigos hablar
en jerga juvenil y sifrina inentendible para las generaciones mayores.
En el sketch, se hace una pregunta extraña o absurda y, a través
de material de archivo, se pone a una personalidad política del país
a responderla. Finalizada la supuesta respuesta, Joselo decía –en
directa referencia a la señora mayor de Tío Rico– el icónico "¿pero
qué dijo? ¿qué dijo?" como punzante crítica a la incapacidad de la
otrora clase política envejecida e incapaz de entender el lenguaje de
la actualidad. El show de Joselo también exploró a la sifrina en un segundo sketch de tres sifrinos –dos muchachas y un muchacho– "que
viven en un marasmo esotérico y en un ocio absoluto" [74] y en el cual
un motorizado, enamorado de una de las sifrinas, asume los comportamientos y actitudes de la subcultura con la intención de enamorar

---

72   Ídem.
73   Ídem.
74   Ídem.

a la princesa de la *high* sin resultado alguno: la distancia social entre ambos, y la falta de atributos de clase del motorizado, incapacitan este amor prohibido.

La sifrimanía de 1982–1983 incluso dejó su presencia olor a Opium de YSL en el mundo verdiblanco de la política venezolana, sacudido por el alboroto de las elecciones presidenciales de diciembre que se aproximaban en un ambiente económicamente dudoso (decía Britto García, en 1978, que AD era "un bachiche sifrino" y COPEI era "un AD sifrino")[75]. Apropiando la jerga de Laura, los cristianodemócratas del partido COPEI lanzaron cuñas con una muchacha joven que decía haber nacido en el periodo del primer gobierno de Rafael Caldera –ahora retornando a la candidatura presidencial– y tras persuadir con sus consideraciones e ideas, le preguntaba a la audiencia, a manera de adivinanza, por quién planeaba votar ella. Su respuesta: *"muérete que por Caldera".* Al mismo son caurimarero, los adecos apristas –candidateando al futuro presidente Jaime Lusinchi con el eslogan "LuSÍnchi"– aprovecharon igualmente la ola fosforescente de la sifrimanía al pintar paredes por la ciudad con la frase "Muérete que SÍ": aberración frankensteiniana entre el *muérete* sifrino y el LuSÍnchi adeco.

Las publicidades de Tío Rico exaltaron a Laura –diosa de la opulencia, hoy convertida en diosa de la nostalgia– hasta 1984. El año previo –específicamente un desdichado y crudo febrero 18– el sifrinismo sintió un grotesco estruendo. Vino un enorme sacudón, una experiencia traumática, que se conoció como "El Viernes Negro": la primera devaluación del bolívar. Laura Pérez y su especie resultaron ser la mayor víctima de semejante terremoto que desplomó al sifrinismo tradicional y rompió los fundamentos de su reino de plástico y chicle multicolor. El bolívar, antiguo símbolo *yuppie* de poder y conquista, se convirtió en polvo. Ya nada volvería a ser igual.

La primera generación de sifrinos cerró aquella mítica edad de oro con una de las últimas publicidades de Laura Pérez con Tío Rico:

75   Britto García, L.: "Retrato de la pava sifrina", *El Sádico Ilustrado* N. 8 (1978).

el año previo
–específicamente
un desdichado y crudo
febrero 18– el sifrinismo
sintió un grotesco
estruendo. vino un enorme
sacudón, una experiencia
traumática, que se conoció
como **"el viernes negro".**

"Cambié Miami por Paparo
y París por Morrocoy,
California está muy caro
y a Madrid ahora no voy.
No me sale viajar
ni si quiera un poquitico.
Con Bombón de Tío Rico
yo aquí me voy a quedar
... [76]

soy sifrina revaluada ". [77]

---

76   El coro, extirpado en el fragmento, es una adaptación del coro del éxito de
El Medio Evo.

77   Laura es Venezuela, porque este es un país revaluado.

age of apathy

"lo ocurrido es un aviso"
comentaba elisa, una madre
de familia de clase media.
esa frase resume el sentir
de muchos venezolanos.
la cuestión ahora es saber
si la explosión y la bajada
de los cerros, con su secuela
de casi un millar de muertos,
han tenido un efecto
de vacuna o sólo ha sido
un comienzo.

josé comas
"el día en que bajaron los cerros"
el país (5 de marzo de 1989)

capítulo II
age of apathy
(1983-1998)

En un respirar, o en una rápida devaluación monetaria, Laura Pérez se había convertido en agridulce nostalgia. El mundo parecía oscurecerse y retorcerse para los jóvenes de las más nuevas generaciones a medida que la realidad bucólica se desfiguraba hasta convertirse en un terreno hostil. La familia había sido descuartizada por la palabra divorcio y sida –que hacía su mediática aparición en escena, llevándose a Rock Hudson y Liberace– convertía al sexo más en un terror de dimensiones epidémicas que en una diversión erótica. Venezuela, de igual forma, se transformaba en un organismo nuevo, grotesco e intimidante; inentendible para su propia gente, como una lengua extraña. ¿Dónde había quedado el país estable y moderno de la infancia, 'el secreto mejor guardado del Caribe'?[1]

El malestar económico había revuelto al país. Los sifrinos de esta era nueva se encontraron ante situaciones foráneas, irracionales para sus mentes privilegiadas que chocaban con los hechos nuevos que sucedían. La urbanización de clase media, al este de Caracas, era ahora un refugio –vulnerable– ante la realidad bulliciosa de los periódicos y canales de televisión. Los nuevos términos los impactaron a manera de bofetadas: inflación, golpes de estado, Caracazo, violencia, tasa de pobreza, devaluación. El país era ahora un espejo sin reflejo para los descendientes culturales de Laura Pérez, ¿Acaso los golpes de estado no eran algo que solo pasaba en Perú, Chile y Argentina?[2] ¿Por qué de pronto las masas paupérrimas de las

---

1   Slogan turístico de Venezuela en la década del ochenta.
2   En 1992, Venezuela sufrió sus primeras intentonas de golpes de estado en gran escala desde 1958. El primero fue liderado por el Teniente Coronel, y futuro presidente, Hugo Chávez.

barriadas descendían sobre la ciudad y saqueaban los negocios? ¿Por qué papá y mamá construían un muro, revestido en rejas y vidrio roto, sobre los jardines tropicales de la quinta? ¿Quién había robado la camioneta Caribe estacionada frente al McDonald's? ¿Por qué los políticos no hacían nada más allá de robar? ¿Cuál era la razón para que las manzanas desapareciesen de los supermercados? ¿Qué son todos estos casos criminales, vendidos como productos o dramas, en la televisión? *Caso Lorena, Cara de Ángel, secuestro en Terrazas del Ávila, el Comegente, Secuestro en el Urológico de San Román, el Sádico del Ávila.*[3] Como bien decía el reporte anual de Freedom House 1997-1998, "los miedos", causados por noticias sensacionalistas, "han tenido efectos sociales corrosivos; los vecindarios ricos en Venezuela, por ejemplo, ahora pagan enormes sumas a agencias de seguridad para la protección personal mientras que las inversiones en la aplicación de la ley pública –necesarias para proteger a la sociedad como un todo– son vistas cada vez más como irrelevantes".[4]

Como si el país hubiese sido sólo la bonanza –el *'ta barato, dame dos;* el Concorde; las boutiques de moda europea que ahora cerraban– gran parte de la juventud acomodada se desprendía de su propio país pues "la imposibilidad de vivir de acuerdo con ese proyecto [país asociado a la modernidad], con sus valores" hizo que ciertos grupos sociales se "desidentifiquen con sus sociedades".[5] Nihilistas, incrédulos, pesimistas –Venezuela, en sus ojos, era un país miserable y tercermundista digno de desprecio–. Un caos nada más, una mina de petróleo que ni podía soñar con ser como Europa o Estados Unidos– esas supuestas tierras superiores, deseadas, verdaderos faros de la civilización occidental.

El pensamiento generacional, juventud criada en desmesurada bonanza efímera y que crecía en una democracia agonizante que

3   Casos criminales venezolanos de la década del noventa altamente publicitados.
4   Freedom House: "Freedom in the World 1997-1998" (1998) Traducción del autor.
5   Straka, T.: "La larga tristeza (y esperanza) venezolana". *Nueva Sociedad* (2015).

el país era ahora
un espejo sin reflejo para
los descendientes culturales
de laura pérez, **¿acaso los**
golpes de estado no eran
algo que solo pasaba
en perú, chile y argentina?
¿por qué de pronto las
masas paupérrimas
de las barriadas descendían
sobre la ciudad y saqueaban
los negocios?

cruje y colapsa, quedó plasmado de manera exquisita en el documental 'Zoológico' (1991) del director Fernando Venturini –donde entrevista a una serie de jóvenes (muchos de ellos acomodados y sifrinos, pues bien describe el productor José Tomás Angola en el documental a los *rockstars* nacionales como "gente que viene del este, gente que no tiene problemas sociales y económicos") sobre la vanguardia en el país, la sociedad y la ciudad. Parecen hartos y cansados; dudan, critican– se ven dominados por una ira y desprecio feroz hacia el mundo que los rodea. Hijos de los sueños rotos del progreso y modernidad, perciben tan solo un abismo al final de la década. Son inconformes, pero apáticos. No resuelven el problema, lo evaden.

Hastiados, sus opiniones frustradas resuenan como disparos: 'Caracas es una mierda', Venezuela un dolor de cabeza, un caos y un desorden. La vanguardia es imposible en la nación porque no hay retaguardia, solo desastre. Figura un aire de individualismo rapaz, expresado por Boris Izaguirre [6] al decir que "una vanguardia debe requerir de muchísima intensidad" y su generación "le cuesta muchísimo ser intensa porque a lo mejor no le gusta ver a la gente llorando, ver a la gente desgarrándose por algo" y no se puede "pertenecer a una ideología, luchar por ella, defender una ideología que se devenga en vanguardia, sin dejar cosas tuyas: sin perder un brazo, sin perder una pierna, sin dejar de ser bello y yo creo que nosotros preferimos ser bellos y estar intactos". La futura emigración que se aproximaba a destruir al estrato acomodado se comienza a sentir en las entrevistas. La modelo Valentina Izaguirre explica sentirse "agobiada" y "presionada con toda esta crisis" y habla de su deseo de hacer vida en otras tierras aunque también dice preocuparse en cuanto al futuro de Venezuela porque si "toda la gente joven se quiere ir ¿qué va

---

6   Escritor y personalidad televisiva en ascenso en aquel entonces cuando escribía la columna de crónica social "Animal de frivolidades" en El Nacional. Descrito por la periodista María Sol Pérez Schael en la revista Exceso (n2, febrero 1989) como "deportista social y plagiador involuntario. Vive de negro, de ironía y de misoginia. Es un Oscar Wilde sin Dorian Gray, sin infame juicio, y sin reina Victoria. Entre el aplauso y el bostezo".

a pasar? No se puede dejar el país en el aire. No se puede ir todo el mundo". De todos los entrevistados, el artista conceptual Carlos Zerpa es el único que se pregunta que se puede hacer para contribuir y mejorar la situación. Reina el hastío y la apatía.

"Desde mediados de la década de 1980 hasta la primera del presente siglo, la juventud tendió a declararse 'apolítica'", dice el historiador venezolano Tomás Straka, pues quizás "no sabían su propia historia, porque estuvieron demasiado tiempo bailando música en inglés y al final se creyeron muchachos de Nueva York (o de Miami)" además del "desprestigio de los partidos políticos, en la medida que se fueron vaciando de ideología, cayendo en la corrupción y fosilizando sus estructuras".[7] Los sectores de clase alta y media de la generación X venezolana asumieron "como normales las conquistas [sociales y políticas] que en realidad eran excepcionales, tanto en la historia venezolana como en el resto de la región" y "copió la despolitización que experimentaron las juventudes de las sociedades occidentales y democráticas en las décadas de los ochenta y noventa, donde todo parecía ya resuelto" hasta que la política y lo social "se les vino encima como un ferrocarril".[8]

En dichos tiempos transitorios y nihilistas donde los musos de Venturini hacían de lado a la Sin Par de Caurimare, Earle Herrera[9] retrató el choque generacional entre los sifrinos noventeros y los sifrinos caurimareros en su texto de 1993 *El nostálgico retorno de Laura Pérez*.[10] En esta pieza sagaz y crítica, la Laura adulta retorna desde "el fondo de los años '80" (¿Resucitada por obra y gracia del neoliberalismo?) con "el mismo tumbaíto y el chasquear de dedos que para nada impresionan a los pavos de 1990, esos que oscilan entre el yuppismo y el 'nada que ver'". La otrora Sin Par –que de acuerdo a Herrera vendió sus cachivaches en el corazón de Las Mercedes tras

---

7   Straka, T.: "La larga tristeza (y esperanza) venezolana". Nueva Sociedad (2015).
8   Ídem.
9   Cronista y futuro diputado chavista.
10   Herrera, E. "La Sifrina de Caurimare: El nostálgico retorno de Laura Pérez". *Revista Comunicación* #82 (1993) del Centro Gumilla.

no se puede "pertenecer
a una ideología, luchar
por ella, defender
una ideología que
se devenga en vanguardia,
sin dejar cosas tuyas:
sin perder un brazo,
sin perder una pierna,
sin dejar de ser bello
y yo creo que **nosotros
preferimos ser bellos
y estar intactos**".

el Viernes Negro, estudió computación en una academia "que na-vega por las aguas procelosas de la avenida Casanova", hizo teatro con grupos del Ateneo de Caracas, "militó en el feminismo y fungió de redactora en una agencia publicitaria"– entró a 1990 divorciada y siendo madre de "un sifrinito". La Laura Pérez adulta de Herrera (que ya no mastica chicle si no galletas de trigo integral y se despide con un 'cuídate' y no un 'muérete que chao') decide embarcarse en un paseo por los lugares concurridos de la nueva juventud –con la inten-ción de no olvidar que "fue el centro y el símbolo de una época feliz y despreocupada"–. Allí, encuentra a los pavos del noventa hablando por celular y mentándola de 'pure'[11]. Laura, horrorizada, se siente cual vejestorio y "con vengativa desmemoria sentenció: 'no tienen nada en la cabeza'".

Resignada, se dijo a si misma: "Laura Pérez, mija querida, muérete que chao".

★

En la década del ochenta se escuchaba constantemente en las conversaciones de clase media una pregunta de aire metafísico que se hacía con cierto morbo y cierto pánico en torno a un posible fin de la existencia del hablante: ¿Qué pasará el día que bajen los cerros?

La respuesta llegó el 27 de febrero de 1989. Lo que aterrorizaba a la Caracas acomodada, la irrupción de los marginados, sobrevino en la forma de el Caracazo: cuando turbas molestas por el aumento del precio de la gasolina y por ende del pasaje, debido a las políticas de austeridad del gobierno en medio de la crisis, bajaron de los ce-rros y saquearon miles de negocios privados en las zonas de clase baja y media baja de la ciudad. Las imágenes de familias enteras con reses, lavadoras y televisores en sus espaldas subiendo por las es-trechas escaleras de los barrios fueron transmitidas por los medios televisivos donde hermosas reporteras entrevistaban a saqueadores

---

11   Término de la jerga juvenil de entonces para designar adultos o personas viejas.

con tiendas deportivas y panaderías en fuego de fondo. La explosión de violencia y salvajismo se expandió brutalmente a manera de un festín. El gobierno reaccionó desplegando a las Fuerzas Armadas, resultando en una jornada sangrienta que trajo la muerte de unas trescientas personas de ambos grupos. "La Sucursal del Cielo" ardió mientras que lúgubres rumores –de que estaban saqueando las viviendas de la clase media o asesinando a los portugueses, dueños de las panaderías, en formas macabras– llegaron a los oídos de la clase media encerrada en sus casas, causando que más de una junta de condominio tomara las armas listas para enfrentarse contra la horda imaginaria que se acercaba a saquear sus casas y violar sus mujeres.

Ese 27 de febrero fue el punto de quiebre. Fue el inicio del fin de la "Cuarta República", fue la emancipación de la violencia, fue la semilla de la descomposición que arrasaría con el país una década después y fue la apertura del reconcomio y el miedo hacia 'el otro'. El Caracazo desmembró definitivamente al este del oeste.

★

La sifrinidad había quedado reducida a los sectores más privilegiados de la sociedad, cual isla de bonanza rodeada y empujada por una pobreza creciente cada vez más hinchada y belicosa. Desde sus urbanizaciones de jabillos y muros recubiertos de trinitarias, la clase alta y la clase media-alta observaban –con cierto desespero– la retraída de las capas medias. Crecía la desigualdad, como un vientre carnoso y jalado, que separaba de manera brutal las esquinas socioeconómicas de Caracas.

Los jóvenes sifrinos dejaban de creer en la democracia, ciertamente embelesados por ideas populistas o extremas que empezaban a circular en torno a nuevos partidos y corrientes que surgían, como peces monstruosos de un mar revuelto, del caos político. Las elecciones, con paso lento, se habían convertido en un evento decorativo debido a los altos niveles de abstención. Así, los partidos políticos tradicionales caían en el desuso y en la impopularidad. Alguna vez hinchados y hegemónicos, se transformaban en sombras despreciadas. Era el estruendo de la anti-política, corriente destructora –aplaudida ferozmente por la sifrinidad de aquel entonces– que surgía de las manipulaciones poco éticas de los medios de comunicación, de la boca de empresarios del poder e incluso de intelectuales consagrados, ¡Chao contigo, registro electoral! [12]

Fue en aquellos años de social-democracia agonizante con un chino tras las rejas por corrupción, asesinos seriales caníbales y modas posmodernistas en la *high*, que la revista Exceso –bajo el mando del cronista y crítico gastronómico Ben Amí Fihman– "se atrevió a romper acendrados tabúes locales y que, apoyándose en las técnicas de la investigación, se dedicó a nombrar y narrar con un lenguaje cáustico y cuidado a los personajes que hacen y deshacen los tramas de la comedia social venezolana"[13], plasmando (con picardía, pero también con accidentalidad) a aquel sifrinaje de *fin-de-siècle* que era tenuemente consciente pero no muy temeroso de la debacle en la que se sumía el país pues "el ritmo de los grandes festejos ha bajado. Sin embargo, mientras los ricos sigan siendo ricos, el nivel de las celebraciones seguirá siendo el mismo"[14] en un país donde los matrimonios adoptaban las bandas en vivo y cotillones de los quinceaños tras el advenimiento de los salones de fiesta de la Quinta Esmeralda y la Quinta Monteverde. Con suspicacia y acidez, Exceso retrató un país sui generis y en más de una ocasión a sus 'ricos de vaivén' pues "en un año el panorama de los figurantes cambia (incluso puede ponerse patas arriba) como consecuencia de eventos fatídicos como un crack financiero, banales como un desfalco, crueles como un abandono conyugal, trepidantes como un legado en litigio, de mal gusto como la ruina económica, y muy trajinados, como una

---

12   Titular de 1983 del diario El Universal (de acuerdo a Andrés Gacitua en la edición 47 de la Revista Comunicación de 1984 del Centro Gumilla), aludiendo a Laura Pérez, sobre el desinterés de la juventud sifrina venezolana en participar en las elecciones de diciembre de dicho año.

13   Fihman, B.A.: "Exceso de verdad", *Revista Exceso* n115 (1999).

14   Tofano, C. "Se Venden Mentiras Rosas", *Revista Exceso* n70 (1994).

candidatura presidencial"[15] en aquella burguesía quimérica (contrastante a las oligarquías que imperan en casi toda la América Latina) de banqueros poderosos (a veces, perseguidos por la ley de un día para el otro), políticos de hipócritas creencias de izquierda, una Miss Universo convertida en alcaldesa, encantadoras actrices de telenovela, hijos de inmigrantes europeos o árabes que brincaron de la miseria a la vida opípara o cualquier fauna exótica de la jungla caribeña que se incorpore a la sifrinidad y sus raíces híbridas y cambiantes donde "ninguna –o alguna, muy rara, por allí–, posición está asegurada en el *ranking* nacional".[16]

Simultáneamente, la crónica rosa –a través de la cual los grandes periódicos y revistas como Etiqueta, Caviar y Complot retrataban los pomposos eventos sociales de la *crème de la crème* y que Exceso parodió ciertamente con su pluma de fauces caninos– experimentó "un inevitable choque generacional. La almibarada prosa de antaño ha dado paso al sarcasmo, al chiste, a la especulación. Y por si fuera poco, ya no es gratuita. Ahora, cada centímetro de fiesta se paga y caro". [17] Bajo las plumas de "autores intelectuales del *glamour* y el esplendor" [18] como Roland Carreño, José Tovar y Ramón Darío Castillo, se reportaron de maneras suspicaces o sarcásticas –crisis económica y política aparte– las fiestas, galas y matrimonios de aquella sacudida élite donde lograban "darse cita los más importantes apellidos, las grandes fortunas de la nación y los trajes de los más prestigiosos diseñadores" y donde a veces (para el disgusto de Carreño) "la novia se queda hasta el amanecer bailando merengue medio *sarataca* y repartiendo churros con chocolate".[19]

En la cultura pop, la nueva realidad sifrina se encarnó en diferentes sketches humorísticos de la televisión. La dialéctica entre las figuras del sifrino y el malandro en el imaginario popular venezolano

15   Socorro, M. "La Bolsa de las Vanidades", *Revista Exceso* n104 (1998).
16   Ídem.
17   Tofano, C. "Se Venden Mentiras Rosas", *Revista Exceso* n70 (1994).
18   Ídem.
19   Ídem.

–ambos como expresiones extremas de la estratificación social en las urbes desiguales del país– fueron representadas en shows como Radio Rochela (RCTV) y Cheverísimo (Venevisión) en los años noventa, muchas veces incluso como diferentes emanaciones de una misma realidad urbanizada y petrolera como nación. En Radio Rochela, por ejemplo, dos sifrinas (con corte de pelo *Rachel* y chalequitos *preppy*) lamentaban y sufrían su trayecto en autobús público ("Lo que nos está pasando por culpa de tu hermano, ¿viste? ¡Tener que montarnos en esta cosa!"), después de que el hermano de una de ellas olvidase buscarlas en el centro comercial satirizando, además, el uso de hipérboles en la jerga sifrina ("recontrahiperfullmalo"). Ante la imposibilidad de poder bajarse en una parada, por la indiferencia de los demás usuarios del autobús, una de las sifrinas se transforma súbitamente en una malandra (pasando de "señorita, permiso" a "¡No me mires así bichita! Que te zampo a ti también. Mira panita me haces el favor y me dejas en la parada oíste ¡Detente ya!"), para después retornar a su estado natural, además de gemir en sufrimiento, al lograr bajarse. De igual forma, en un sketch de 1994, del programa Cheverísimo, se aprecian dos sifrinas en vestimentas neón relajadas en la playa mientras conversan (una de ellas, con coco en mano, dice no usar gel de bronceador porque la arena se pega y molesta, para después decirle que planea pedirle al Niño Jesús –o sea, sus padres– en navidad una Toyota "Machito con *quemacoco*") usando el argot típico de dicha subcultura ("muérete que sí" "full, full" "ay, que loca" "mírame aquello que va allá") junto a un fuerte mandibuelo. El factor humorístico radica en que una de ellas mezcla su manera de hablar sifrina con argot y sociolecto malandro ("pálteme" en vez de pártame, "peisi" en vez de Pepsi), de las bandas criminales de los anillos de miseria urbanos. Al final, la sifrina malandra revela que un hombre en la playa –un tal Gladimil– va a irse y ella no puede hacerlo porque él maneja el autobús en el que ella planea subir de las playas de la Guaira a Caracas. Ante esto, la sifrina verdadera se lamenta diciendo: "Típico que me sale darle la cola a ella, a Gladimir y al bicharrango. A que sí, full, full".

Estos programas televisivos dieron en el clavo muchas veces sin quizás buscar directamente retratar a un sifrino, tales como 'Los Waperó', un *sketch* del programa televisivo de comedia Radio Rochela en la década del noventa, donde se retrataba una subcultura diferente, pero se le asignaban ciertos rasgos y actitudes sifrinas. El dúo de Los Waperó (interpretado por Emilio Lovera y Nené Quintana) recibía su nombre de aquella subcultura urbana a la que pertenecían: rama extraña de la clase media que había eclosionado de las minitecas de changa –nombre criollo para la música electrónica– donde un *'Pump it Up'* de Technotronic se había deformado en la boca de quienes no hablaban inglés para terminar siendo 'Waperó' ¿Qué caracterizaba al dinámico dúo más allá del amor por la changa, con la cual se movían y caminaban–bailaban día a día? Pues un estilo de ropa sumamente característico: jeans Levi's arremangados que dejaban ver las medias blancas, zapatos Timberland, franelas minimalistas metidas en el pantalón y –de vez en cuando– un estiloso cuello de tortuga o chaqueta *bomber* ¡Ah! ¿Cómo olvidar sus peinados largos, excéntricos y caídos de lado –como jalados por el peso de su tedio? Los Waperó de Radio Rochela eran una desviación evolutiva y diferente, caminos extraños de la selección natural, de aquel grupo social anterior de bombitas de goma de mascar y cigarrillos Belmont que caracterizó Laura Pérez, la sin par de Caurimare. La manera de hablar de estos dos personajes, que cargaba un mandibuleo más desinteresado y menos pomposo que el de los jóvenes de los ochenta, estaba cargada de una nueva jerga: la gente eran *'rastas'*, el *'o sea'* se transformó en *'por favooor'* y el *'que posi'* en *'regio'* mientras que la emoción se desbordó en un *'me encanta, me encanta, me encanta'.*

Los Waperó –el dúo ficticio y afluente, no la subcultura– se pueden ver como símbolos de su generación descreída, desapegada, desesperanzada, nihilista, irónica, existencialista, sarcástica y hastiada: la tan mentada Generación X, que crecía en las ruinas del muro de Berlín, de las ideologías y del mundo de sus padres. Ambos jóvenes provenían de una enorme y hermética burbuja de su clase social mega-acomodada, hijos de algunos de los millonarios más exitosos y divorciados del país petrolero. Así, pues, sus días se hicieron una cacería constante por alta cultura local y cultura pop internacional que los llevó a convertirse en verdaderos esnobs, elitistas hasta la médula. En sus aventuras televisivas frecuentaron festivales de cine francés en el Ateneo de Caracas (¡Bye Bye Brasil!), conocieron al "rasta" Fidel Castrol y a Arnold Schwarzenegger en el Festival de Cine Latinoamericano en La Habana, leyeron la poesía optimista de Miguel James, admiraron el arte petrolero de Rolando Peña y el surrealismo tropical de José Campos-Biscardi, aprendieron cuantas canciones pudieron, vieron a Michael Jackson y Sting en concierto y despreciaron –con todo su corazón– a Julio Jaramillo. Incluso, llegaron a marchar en contra de la pesca de tiburones, coleccionaron objetos de 'la prehistoria de los 60-70' y participaron en la primera plantación nacional de árboles en Valencia.

El hermetismo de su burbuja era tal, que ambos jóvenes disfrutaban buscar 'especímenes' humanos en zonas desconocidas de la ciudad para estudiar y conocer la fauna fuera de su isla de clase alta. Admiraban conseguir 'clases medias auténticos' (gente que, en su descripción, todavía creía que el año siguiente sería mejor y se resolvería la crisis económica) e interactuar con tal exótica criatura. En una ocasión quedaron fascinados por el supuesto ambientalismo de un recogelatas –porque las latas se recogen para salvar al planeta 'y a las ranitas'. Era una desconexión extraña con la realidad social que los rodeaba.

★

La desconexión hacia la descomposición institucional y económica fue también, en cierto sentido, un mecanismo de defensa. Gracias a la burbuja que la generación X creó en cuanto a la decadencia del sistema democrático bipartidista, los jóvenes de aquella ciudad transitoria –que trataba de entenderse y encontrar un lugar en el mundo– lograron (de manera sutil) disfrutar a La Sucursal del Cielo que perdía su título.

Aún asfixiados por el rancio olor del cadáver de la Gran Venezuela tras su accidentada muerte, la juventud sifrina de la década del ochenta enterró al disco afroamericano y se entregó a aquel rosa pop venezolano y argentinizado rock nacional (que proliferaban por cuotas obligatorias en las radios) en los clubes nocturnos psicodélicos, de nombres surreales y de estilo londinense –como The Flower, La Jungla o La Lechuga (donde se mezclaba toda especie, por su cercanía a Los Caobos)– que ya se hacían anticuados aunque Le Club, con sus clásicas rumbas de domingo donde se permitía acceder sin el consabido paltó y corbata, indumentaria necesaria el resto de los días, no sintió tambaleo alguno de su trono a pesar del declive económico. De igual forma, la sifrinidad de la 'década perdida' se sumergió en el frenesí nocturno de las discotecas ciclópeas y de luces multicolores al estilo neoyorkino (que con el *Disco Demolition Night* fenecían en el mundo noratlántico) como lo fueron New York New York, en el centro comercial Concresa o 1900 My Way, en el CCCT. La realidad de los niños acomodados de los ochenta había sido afectada por una neurótica prohibición estatista sobre gran parte de las importaciones –después del Viernes Negro– buscando así en Miami lo que en su país no se conseguía y celebrando navidades con árboles artificiales en lugar de pinos canadienses importados y olorosos; viendo la Venezuela Saudita deshacerse con el pasar de los años. Pero de pronto –por arte de magia del Consenso de Washington– el FMI dijo: "Hágase el neoliberalismo", y el neoliberalismo se hizo. Así, los ahora adolescentes de los noventa volvieron a disfrutar del jardín de las delicias que llegaba importado del mundo exterior.

A pesar de la frustración existencial y el tedio, los sifrinos de la década fueron (parcialmente) felices. La Caracas de los noventa era contradictoria, de claroscuros, eléctrica. Con encanto de publicidad de Pepsi y escándalo de corrupción de primera plana. Toda una ciudad nueva de posmodernos edificios de ladrillos con vigilancia y piscina que brotaban de las colinas verdes. Los sifrinos de los noventa disfrutaron la ciudad de manera especial, con aventuras nocturnas hasta el amanecer –interrumpidas a veces por toques de queda– y dando brincos entre los diferentes restaurantes de comida rápida, centros de juventud, bares y discotecas. Culminando los ochenta e iniciada la década nueva por la apertura del mercado y la llegada de cadenas extranjeras como Benihana y Friday's (lugar predilecto para ir los viernes, cuando hacía metamorfosis de restaurante en rumba, costumbre adquirida de Weekends, el local que existió allí previamente), la juventud sifrina –reducidos los festejos caseros y de orquesta por el *meltdown* de la Venezuela Saudita– se entregó a la rumba finisecular en los jueves de City Rock (revolucionario pero efímero, en el Centro Comercial Chacaíto, con un toro mecánico para montar, el famoso trago Blue Lagoon y "el raspa-raspa": un tubo para tomar cerveza), en Weds (lugar de los miércoles durante su corta duración en el centro comercial Mata de Coco), en Palladium (en el CCCT, reemplazando a City Hall, mezclando toda fauna y pasando de ser *in*, a ser *out*, a ser *in* y luego fenecer) y luego en Pal's, en Hollywood (en el corazón de Las Mercedes, donde a cierta hora se vertía espuma), en El Ático (ubicado en el segundo piso de un edificio en Altamira y con música en vivo) y en los clásicos domingos del anglófilo y eterno Le Club en Chacaíto. De igual forma –quizás en un intento periférico y caribeño de crear un *café society* para *the bright young things*– la sifrinidad merendó sándwiches de salmón en la delicatesen Rey David, versión *high end* de las panaderías europeas que cuantiosamente prosperaron en Caracas con las oleadas migratorias, o merengadas de Oreo (producto predilecto por los venezolanos, posicionándonos de segundo lugar en consumo per cápita mundial para 2012[20]) en American Deli como también imitaron la teología del *mall rat* americano en las nuevas y grandes ferias de los centros comerciales. Fue en ese tiempo que el McDonald's de El Rosal, el primero inaugurado en el país en 1985, se convirtió en un espléndido abrevadero juvenil. Lugar adolescente para ser visto y

---

20   Noticias24. "Venezuela es el segundo país consumidor de Oreo después de EE UU". (2012)

para ver sifrinos de jeans altos, 'pisamojones' Timberland o franelas BEBE (o uniforme de 'colegio bien') comiendo papás fritas, *nuggets* y cuartos de libra.

La vida de discotecas de mil luces multicolores y de *café society* en las calles de Las Mercedes siguió cambiando su rostro con el avance de la década sacudido por intentonas golpistas, estruendosos quiebres de banco, corruptos fugados a las riberas de Miami, presidentes removidos del cargo y agendas con el nombre del país. Además de Le Club (que cerraría temporalmente a principios del nuevo siglo, antes de reabrir en el Centro Letonia), la vida nocturna sifrina se derramó en nuevas discotecas como M80 –mínima, pero lugar prodigo para ver y ser visto; en Barroc (con un *crowd* más *high end* y menos juvenil) y en Seven– un pre-Sawu de tres niveles de pisos subterráneos –que latía erráticamente en el Centro Comercial Macaracuay, vertiéndose por sus escaleras y pistas toda suerte de modelos y 'gente linda'–. Así, con el amenazante Y2K a la vuelta de la esquina, la juventud sifrina cenó en restaurantes de lujo y cafés *cool*, tomó cerveza en El León, fue al estadio de béisbol con abono en temporada, bebió multicolores guarapitas en Bar Miami cuando se dirigía a zambullirse a las playas de la Guaira, y sació con arepas de madrugada su feroz hambre provocada por el alcohol de las rumbas: así, las areperas La Sifrina, La Caracas de Ayer, La Casa del Llano, Misia Jacinta y Doña Caraotica sirvieron como concurrida fuente de maná para borrachos y 'enratonados'.

Y entre reformas neoliberales, corporaciones, privatizaciones, senos puntiagudos de Madonna y los Simpsons en Venevisión; el posmodernismo, aquel "carnaval donde estética y hedonismo se han dado de la mano para danzar sobre los escombros –a partir de ahora festivo papelillo– de la ideología"[21] hizo su *mise-en-scène*. Entonces, decía la Revista Exceso en su segunda edición, "el atónito caraqueño que contempla el actual diluvio de bóvedas, columnas y ojos de buey en construcciones públicas y privadas se entera, de pronto –porque

---

21   Pérez Schael, M.S. "Posmo hasta en la sopa". *Revista Exceso* n2. (1989).

lo menciona un crítico gastronómico describiendo un nuevo restaurant o se lo dice Boris Izaguirre– que el mundo occidental –arrastrando tal vez a la mismísima Unión Soviética, a mil millones de chinos y aun, a retazos a Venezuela– tiene diez años en la posmodernidad". [22]

Pero los caraqueños –viviendo en una nación incapaz de dar el brinco a una modernidad plena, mucho menos a la posmodernidad, con sus Macintosh arcoíris y su Bret Easton Ellis– transformaron al posmodernismo en moda, desconectándolo de sus causas distantes, sus ideólogos franceses y sus teóricos del género americanos. Así, la "moda posmo" –rebautizo sifrino al posmodernismo– tomó forma en ropas oscuras, masculinas, de rayas, un botón aquí, un poco más largo allá, "minucias, en fin, que definen todo: un individuo"[23], provenientes de la hoy inexistente Neutroni[24], Santa Tienda del posmo ubicada en el CCCT, y de Click Clack en Plaza las Américas.

María Sol Pérez Schael, a través de su excelsa pluma, definía al hombre posmoderno –un "camaleón urbano"–, (la más nueva especie del sifrinismo, antes de popularizarse y así des-sifrinizarse, con sus propias discotecas *underground* –Doors, El Túnel, La Mosca– como buena subcultura propia) como primordialmente cosmopolita, abrillantándose "el pelo aunque no use gomina sino espuma en *spray*" y vistiendo "de negro y gris para confundirse con los decorados del momento" mientras socializaba como bandada de zamuros en el City Rock Café "hasta donde el personal se viste de luto". La personalidad del nuevo hombre "*posmo* reside en una teatral impostura" digna de dandi pero libre de vicios pues "fuma sin aspirar, exigente en la bebida, apenas acepta discretos sorbos de grandes vinos, y para mantener la tonalidad muscular, igual que Ilan Chester, redescubre el Ávila trotando sobre unos zapatos de goma con suspensión". El sifrino posmo era un "individualista empedernido, soltero o soltera" que "en medio de luces de colores proyectadas, se dedica al placer de la seducción con la joven atlética, medio clásica y medio

---

22   Ídem.
23   Ídem.
24   De la mano de la diseñadora Kika Alcega.

"el atónito caraqueño
que contempla el actual
diluvio de bóvedas,
columnas y ojos de buey
en construcciones públicas
y privadas se entera,
de pronto que el mundo
occidental –arrastrando
tal vez a la mismísima unión
soviética, a mil millones
de chinos y aun, a retazos
a **venezuela– tiene diez
años en la posmodernidad**".

punk, pero con mucho estilo, que conquistó la noche anterior". En fin, sintetizando a la nueva especie en pocas palabras e inadvertidamente *jurungando* la apatía de una generación definida "por la TV y la publicidad" que "muy femeninamente liberadas, se han desabrochado los sostenes y exhiben con orgullo su afán de diversión", el individuo posmo era un "frívolo gozón".

Con la hecatombe del Viernes Negro, Miami –bautizada por Exceso como "antigua meca del ta'baratismo" y "capital sentimental de Venezuela" – vio la evaporación de "las debutantes caraqueñas que dos veces al mes viajaban a renovar ajuares y a las manadas de párvulos con hierros de ortodoncia"[25] y la transformación del Hotel Omni con "sus grandes almacenes, J.C. Penney y Jordan Marsh" – que 70 % de sus ventas se debieron a los venezolanos en 1982– en un "desolado cubo" que "dejó de ser coto venezolano para descender a los escaños intermedios del ranking comercial. Y no porque se pasara a vender baratijas, que siempre se han vendido allí. La nueva clientela, escasa y de piel negra, es el lastre que devalúa al centro comercial".[26] Pero aquella sifrinidad empequeñecida de la era d.c. (después del cuatro treinta), aquellos sectores medio-altos y altos de las bandadas en viaje de peregrinación a Miami-Orlando-Disney World, no se desvaneció en esa ciudad dudosamente norteamericana –a diferencia de gran parte de los sectores medios y medio-bajos de la masa turística–. Allí (con las telenovelas venezolanas *Abigail* y *Señora* en el *prime time* de Telemundo y Univisión respectivamente), siguieron (una vez adaptados a la nueva inestabilidad económica de su país) en sus *shopping trips*, su compra de bienes raíces vacacionales y, ahora, en su apertura de locales y negocios. En aquella Miami de fauna venezolana pos-evento de extinción masiva, ahora suplida además por esos piratas encallados que fueron los banqueros y políticos corruptos perseguidos por la justicia venezolana en tiempos inestables y que naufragaron prófugos con sus fortunas en la Florida,

---

25   Scharfenberg, E. "Miami. Borrón y Cuenta Nueva". *Revista Exceso* n9 (1989).
26   Ídem.

"cada víspera de fin de semana en los bares de Casa Juancho y El Cid" se reconstruía "el velado rostro de la Caracas anterior al fatídico Viernes Negro" con profusión de whisky y charlas despreocupadas mientras los venezolanos de sensibilidades más sofisticadas preferían "los sobrios ambientes del Café Abracci"[27] en Coral Gables fundado por el *bartender* emigrado del Hotel Tamanaco al son de la vida que hacían los grandes apellidos de la élite en picada –entre Jaguars y Rolls Royces– en el Jockey Club.

Las reformas de la estructura política, y la descentralización, acabaron con los grandes proyectos públicos y en su lugar dieron paso a colosales inversiones privadas que sirvieron de nuevos hábitats para la juventud del *fin de siècle*. Brotaron, cual gigantescas bestias de vidrio, ladrillo y metal, los nuevos centros comerciales del futuro. Colosales, megalíticos, verdaderos monumentos al comercio; conformados por hileras de cientos de tiendas que buscaban calmar el desenfrenado consumo venezolano. Estas "nuevas catedrales del estilo"[28] se alzaron por Caracas, Maracaibo, Puerto La Cruz, Valencia, Maturín, Margarita y Barquisimeto bajo el mando de corporativos constructores como la familia Cohen, junto a la renombrada arquitecta polaco-venezolana Celina Bentata, o Arnold Moreno. Así, se hicieron presentes el Centro Sambil, el Centro Lido y el Centro Comercial San Ignacio (renombrado *C.S.I.* –en inglés obviamente– por los sifrinos que lo hicieron su nueva santa sede) donde la juventud frecuentaba en busca de guía espiritual y productos nuevos y brillantes. Simultáneamente, la televisión nacional embelesaba con sus telenovelas mundialmente famosas y sus reinas de belleza pero DirecTV hacía su aparición en las casas de la clase media, hipnotizando con su destellante variedad de programas y canales americanos. En esta época de espectáculo 'neoliberal' y globalizado, los vestidos de Ángel Sánchez tenían más armador, los quinceaños se llenaron de más invitados, la telenovela Kassandra mantenía la

---

27   Ídem.
28   Goldberg, J. "Concreto Amado". *Revista Exceso* n99 (1997).

paz en Bosnia[29], -la telenovela Kaina de César Miguel Rondón parecía definir el destino de la Rusia pos-soviética[30] y Chacao –que tenía de alcaldesa a Irene Sáez, Miss Universo 1981– se convirtió en "Irenelandia" con sus policías de sombreros de 'honguito' y guantes blancos y su prohibición de darse besos en la Plaza Francia. De igual forma, el teléfono celular se popularizó en la población y su señal (como lo evidencian los comerciales de Gilberto Correa para Telcel), ahora con un CANTV privatizado, se encontraba en todas partes.

Aun así, a pesar de los "megaproyectos de ladrillo y *fiberglass*"[31] que empolvaban Caracas o el estrambótico Miss Venezuela 1997, que se celebraba con elefantes y tigres del circo, los tornados de fuego continuaron descendiendo de los cielos sobre Venezuela tras la quiebra de un tercio de la banca privada nacional en 1994 y posteriormente los resfríos provocados por la crisis asiática. A mediados de la década del noventa, Exceso –con una ingenuidad poco común en su prosa– describió a la generación joven como "libre de pecado" y sirviendo "de muestra de lo que será el país que ya se levanta, a pesar de lastres y desastres, sobre el cadáver de los viejos zorros" en aquella "borrasca [que] se ha tragado reputaciones y bienes, carreras y diademas, y ha convertido a cada venezolano en un Noé desesperado a la caza de un milagroso salvavidas".[32] La situación aún rendía esperanzas para muchos. Pero el panorama no mostraba mucha luz.

Para finales de la década, Gucci cerró sus puertas en Caracas y un desprecio generalizado hacia la ineficaz clase política dominaba a la nación. Los sifrinos entendieron entonces que aquel país de

---

29   Como reportaron medios como Semana, la suspensión de la transmisión de Kasanndra en 1997 el pueblo bosnio de Banja Luka casi causa el reinicio de hostilidades. Fue necesaria la intervención del Departamento de Estado norteamericano y del embajador venezolano para reestablecer la transmisión.

30   "Boris Yeltsin llegó a comentar, eso salió en la prensa rusa", dice Cesar Miguel Rondón, "que él hubiese deseado que siguiesen dos semanas más de esa novela [porque] le hubiese dado a él el beneficio de tener distraída a la gente y evitar la debacle electoral [de las elecciones parlamentarias de 1995]"

31   Goldberg, J. "Concreto Amado". *Revista Exceso* n99 (1997).

32   Fihman, B.A. "Zorros y cachorros". *Revista Exceso* n71 (1995).

antaño, whisky-petrolero y consumista hasta el punto de ser dionisio, se transformaba en recuerdo. Las estadísticas anunciaron, antes del nuevo milenio, que 48,7 %[33] de la población venezolana había sido cubierta por las capas de la pobreza.

---

33   Cifras oficiales del segundo semestre de 1999 sobre personas en situación de pobreza del Instituto Nacional de Estadística de Venezuela.

patria, sifrinismo o muerte

¿ustedes no recuerdan
lo que dijo cristo? "más fácil
será que un camello entre
por el ojo de una aguja
que un rico entre al reino
de los cielos". nosotros
no queremos ser ricos.
ser rico es malo,
es inhumano.

hugo chávez (2009)

capítulo III
patria, sifrinismo o muerte
(1998-2013)

Musitando el mantra *"juro delante de mi pueblo que sobre esta moribunda Constitución impulsaré las transformaciones democráticas necesarias"*, Hugo Chávez –con la banda presidencial tricolor recién colgada; observado por congresistas de partidos pertenecientes a las 'cúpulas' políticas que juró sepultar al ser electo por la empobrecida clase media, hastiada del malestar que descomponía internamente al país; y bajo la vestimenta nueva de gran demócrata reformador que deja su pasado de militar golpista fallido, indultado, y liberado de la prisión– enterró el siglo veinte en Venezuela, la gran fiesta socialdemócrata de whisky y petróleo, e inició aquel proyecto elefantino y estrafalario que fue la revolución bolivariana y que abarcaría al país en su totalidad en las dos décadas consiguientes.

La revolución hizo su rojo *mise-en-scéne* –tras la aprobación de una Constitución nueva que reemplazó a toda institución público con versiones nuevas, acaparando el poder en manos de los personeros del nuevo gobierno. Por medio de discursos jocosos, cómicos y folklóricos del presidente (transmitidos obligatoriamente por los canales de televisión nacionales), creó su propio programa televisivo interactivo, se adentró en masas humanas y pueblos recónditos a besar bebés y ancianos, creó un popurrí ideológico de próceres mantuanos de la independencia y marxismo resucitado desde las ruinas de La Habana y, bajo el paraguas del socialismo, le cambió el nombre a la república, agregó una estrella nueva a la bandera, rediseñó el escudo nacional por sugerencia de su hija infante, inventó un huso horario exclusivo para Venezuela y arrastró –en su delirio mesiánico– a la nación en aquella fantasía populista que embelesó a Naomi Campbell.

Cual distorsionado *deja-vú* de los eventos de 1973 que trajeron a la vida al sifrino –con guerra en Medio Oriente incluida, esta vez con el plus de invasiones americanas– Chávez se benefició de precios petroleros de una altura jamás antes vista. Así, el nuevo país rojo fue empapado por una densa lluvia negra que la revolución transformó en toda suerte de derroches –desde autos de carrera, pasando por satélites chino-venezolanos, hasta areperas estatales– y proyectos de interés social que hicieron de Chávez un líder supremo de popularidad implacable cuasi-religiosa en los rincones paupérrimos y olvidados de los anillos de miseria de Caracas y de los pueblos desolados de las provincias. Entonces –con apoyo ciego de las grandes mayorías, con personeros chavistas en cada poder público y con los barriles de petróleo inauditamente caros– la revolución creó el adefesio económico que eventualmente sería su ruina: despidió a los profesionales de la empresa nacional de petróleo, estableció un sempiterno control cambiario, creó una plétora de subsidios y regulaciones y se lanzó en una bacanal de expropiaciones que abarcó plantaciones, empresas e industrias básicas, la cadena de hoteles Hilton, aerolíneas, edificios y toda suerte de propiedad privada. Los efectos de las regulaciones y las expropiaciones resultaron prontamente en la evaporación de productos nacionales básicos que la revolución mágica –maquillando el rostro descompuesto del problema– cubrió con una infinidad de importaciones masivas que suministraron los estantes vacíos.

El poder fue centralizado paulatinamente y se desató una guerra entre medios y gobierno, resultando en el cierre de múltiples canales y periódicos, mientras crecían los gritos sobre violaciones de derechos humanos, censura y persecución de la disidencia. El sueño democrático de Laura Pérez y su generación se había roto en mil piezas. El poder de las botas verdes aumentó, el militarismo se arrastró nuevamente con peso entre rascacielos de hormigón y autopistas de asfalto, y aparecieron extorsionistas círculos paramilitares con fusil y franelas rojas –financiados por el gobierno– en los anillos de pobreza de los cuales se sustentaba la revolución. Era la era roja y todo disidente un gorgón que debía ser pisoteado por el Estado.

A pesar del apoyo inicial que varios sectores de la clase empresarial le brindaron a Chávez –como parte de la locura de la antipolítica– durante su candidatura y lapsos iniciales de su presidencia, la élite (desde las torres de vidrio de Caracas o los blancos auditorios del Ateneo o los restaurantes de Las Mercedes) se vio alienada y en contraposición bélica al gobierno en cuestión de pocos años tras la aprobación de dos veintenas de leyes que minaban los derechos de la empresa y el latifundio privado, las posteriores expropiaciones de miles de propiedades y corporaciones y el acoso constante y asfixiante a los medios televisivos, radiales e impresos que dirigían. La clase media, bombardeada por rumores en emails y noticias tétricas en los canales de televisión, se sintió arrinconada ante las propuestas de injerencia estatal en la educación[1] y cundieron los pánicos ante el terror de la cubanización (una vez publicitado el romance entre Chávez y Cuba: "el mar de la felicidad") que se plasmaba en rumores que variaban desde la ilegalización de la educación privada, pasando por el establecimiento de libretas de racionamiento, hasta la supuesta expropiación de quintas, automóviles y campos de golf (situación que se hizo realidad cuando el alcalde metropolitano chavista, Juan Barreto, expropió en 2006 los campos de golf del Caracas Country Club y el Valle Arriba Golf Club para la creación de viviendas de interés social como parte de "un plan estratégico para recuperar el espacio público", decisión que después fue revertida por el mismo alcalde, manteniéndose los campos en manos privadas).[2] La violencia –que bajo la presidencia de Chávez se hizo epidémica y

---

1   Las primeras protestas opositoras contra Chávez, y el desarrollo del movimiento opositor en la sociedad civil, iniciaron en enero del 2001 contra el Decreto 1.011. Este buscaba establecer supervisores estatales sobre las instituciones educativas públicas y privadas, lo cual llevó a educadores y padres a las calles bajo el eslogan "con mis hijos no te metas". La protesta fue tan acérrima que el grupo musical Gran Coquivacoa le dedicó una gaita titulada "Aló Presidente" mientras que el presidente no logró poner el Decreto 1.011 en práctica.
2   "La Alcaldía Metropolitana de Caracas expropia los campos de golf del Country Club para construir viviendas". Lucha de Clases (2006).

extensiva[3]– transformó a Caracas en una de las capitales mundiales del homicidio y del secuestro y recubrió con nuevas capas de rejas, alambres y muros las casas y edificios del este de la ciudad. Las clases media-altas y altas se vieron forzadas a blindar los vidrios de sus autos e instalar complicados sistemas de seguridad en sus viviendas –e incluso puertas anti-Kalashnikov, publicitadas en grandes vallas en la autopista– ante los secuestros y robos de casa que hicieron de la vida en Caracas un nubarrón de paranoia, miedo y sobreprotección. Así, las clases medias y altas de la sociedad –en casi su totalidad y de manera casi intrínseca– se opusieron agudamente a la revolución: aunque eventualmente más de uno se beneficiase de la corrupción pornográfica del Estado. Entonces, el sifrino, como parte de la oposición que surgía de tan marcada polarización política y social, fue declarado enemigo acérrimo de la revolución por los nuevos inquilinos de Miraflores.

Venezuela estaba ahora fraccionada, rota en demarcadas líneas entre clases sociales, y la polarización la separaba como una cavidad torácica que es rota por la mitad. El discurso gubernamental –divisivo e identidario– sirvió de principal instrumento para demonizar a los sifrinos ahora que el presidente (a pesar de su nueva riqueza) gritaba que *"ser rico es malo"* mientras mentaba de oligarcas, escuálidos y burgueses a todo opositor sin importar su verdadero trasfondo social. La afluencia fue cargada de connotaciones negativas y transformada en una cualidad señalada por los dudosos dedos sucios del Estado. Surgieron los odios y el resentimiento, desde las grietas del país archipiélago, y el clasismo fluyó a doble vía.

La retórica polarizante y divisiva del discurso gubernamental sirvió para demarcar al país en una dicotomía maniquea conformada por un polo negativo y victimario que fue mentado como "la

---

3   Cuando Chávez fue elegido presidente, se registraban en cifras oficiales 19 asesinatos por cada 100.000 habitantes –número que la Organización Mundial de la Salud consideraba ya como una epidemia. Para 2013, el número– además de atracos, secuestros y robos –había incrementado (de acuerdo al Observatorio Venezolano de Violencia) a 79 homicidios por cada 100.000 habitantes, haciendo de Venezuela uno de los países más violentos del planeta.

cundieron los pánicos ante
el terror de la cubanización
(una vez publicitado
el romance entre chávez
y cuba: "el mar de la
felicidad") que se plasmaba
en rumores que variaban
desde la ilegalización
de la educación privada,
pasando por
el establecimiento
de libretas de racionamiento,
**hasta la supuesta
expropiación de quintas,
automóviles y campos
de golf.**

oligarquía" o "la burguesía" (los sectores socioeconómicos afluentes, la raza blanca, el estilo de vida americanizado y consumista, etc.) y otro polo positivo y víctima mentado como "el Pueblo" (los sectores socioeconómicos necesitados; los negros, mestizos e indígenas, el estilo de vida de las favelas, los pueblos y el proletariado) que resultó en características propias de los diferentes grupos, variantes desde trasfondo étnico o apellido hasta gustos estéticos, siendo cataloga-das en un grupo o el otro.

En el aspecto racial, el discurso revolucionario separó usualmente a la raza blanca y al componente caucásico –por ser el patrón fenotí-pico más común de las clases medias y altas, en su mayoría descen-dientes de las oleadas inmigratorias de Europa y el Medio Oriente a mediado del siglo veinte– como un Otro a "El Pueblo" que el portal web oficialista Radio Mundial definía como de "rasgos negros, ras-gos indígenas"[4] típicos. Dicho discurso dicotómico excluía al fenoti-po caucásico[5] de una 'venezolanidad verdadera', ejemplificada por el nuevo rostro digital de rasgos africanizados para Simón Bolívar –blanco criollo de la élite colonial europea– que la vicepresidencia y el artista francés Philippe Froesch presentaron en 2012 o también en el discurso de 2007 de la comunicadora chavista Osly Hernández en la Asamblea Nacional cuando definió a la mujer venezolana como "de color, no tiene mucho busto, es chiquita, pelo chica, color negro" que "además tiene rasgos de indio, de indígena" y cuando "habla, brota por los poros pueblo. ¡Esa es la mujer venezolana![6] " En octu-bre del mismo año, se reportó y fotografió[7] una protesta oficialista en contra de los movimientos estudiantiles anti-gubernamentales de las universidades privadas en la cual se esbozaban letreros con

4   Algueida, N. "4F: Un instante, una frase, un símbolo, una persona". YVKE Radio Mundial. (2015).
5   Según el XVI Censo Nacional de Población y Vivienda de 2011, 43.6% de los venezolanos se consideran blancos. El municipio con mayor porcentaje de per-sonas de raza blanca es Chacao, en Caracas, a su vez el más afluente del país y previamente (per cápita) el más rico de América Latina.
6   "Osly Hernández en la Asamblea Nacional (2007)". Youtube.
7   "¿Tolerar la intolerancia?" (2007). https://cagaepais.wordpress.com/

la frase "Hijos de inmigrantes de mierda, fuera" y se acusaba a las personalidades televisivas Fabiola Colmenares y Erika de la Vega (ambas de raza blanca) de "extranjera de mierda" y "sucia extranjera perra" respectivamente –a pesar de ser ambas venezolanas– mientras se le pedía a "el pueblo" reconocerlas por "traidoras" debido a sus posturas políticas, siendo Colmenares la candidata opositora para la alcaldía del municipio Vargas mientras que de la Vega era la pareja del líder opositor Henrique Capriles. El discurso anti-inmigrante, o anti-descendencia de inmigrantes, y nacionalista también se planteó en medios formales como cuando –igualmente en el ambiente polarizado del 2007– el escritor Luis Britto García llamó, en su artículo "Por qué se insulta a los venezolanos" publicado en Aporrea. com[8] , a la abolición de la segunda nacionalidad pues "no se puede servir al mismo tiempo a dos patrones" y a que Venezuela tuviese un "gobierno de los venezolanos, por los venezolanos y para los venezolanos". Similarmente, Vladímir Acosta –el mismo año y en Aporrea. com[9]– criticó la supuesta dominación de la industria, los medios y el mercado por parte de grupos extranjeros ("hijos de españoles, hijos de gallegos o de portugueses e italianos" en contraposición a venezolanas que llevan en el país "cuatro, cinco o siete generaciones") para después señalar sectores tan amplios como la profesión médica, las areperas, los medios televisivos, la educación privada, el transporte, la industria textil, las actrices, e incontables comercios y áreas técnicas de ser supuestamente dominados por estos grupos "extranjeros" y sus "contravalores racistas y colonizados", señalando a españoles (a quienes acusa de establecer educación franquista y derechista a través de los colegios católicos), portugueses (acusa a los supermercados de ser "verdaderas mafias portuguesas"), italianos, gallegos, canarios, judíos ("de distinta procedencia cierto, pero todos de origen extranjero"), chinos, árabes, armenios, franceses, alemanes y los hijos de estos grupos como parte de esta supuesta cúpula 'extranjera' que rige el capitalismo en Venezuela. Así, ciertos

---

8   Britto García, L. "Por qué se insulta a los venezolanos" Aporrea. (2007).
9   Acosta, V. "Racismo, clase media e inmigración europea (I)" Aporrea. (2007).

"hijos de inmigrantes de mierda, **fuera**"

sectores de la revolución bolivariana buscaron deliberadamente impulsar "la desidentificación" bajo el lema "Que se vayan" utilizado "con particular saña contra los inmigrantes y sus hijos, especialmente si son blancos y europeos: 'que se regresen' por no hablar de las agresiones a la comunidad judía a pesar de no haber especial xenofobia –mucho menos antisemitismo– en el venezolano promedio, pero, aparentemente, hay quienes han querido fomentarla con fines políticos".[10] De igual manera, el diario oficialista Vea acusó a que "buena parte de esa clase media rica tiene un origen fascista" debido a los componentes italiano y españoles que el periódico acusa de ser franquistas o escapados durante la caída del régimen de Mussolini[11]. El mito adeco de la democracia racial, del mestizaje como valor nacional y unificador, había terminado.

El discurso de la revolución no solo demarcó la dicotomía socioeconómica a través de líneas raciales sino también a través de instituciones como los colegios privados, la vestimenta, los vecindarios o la demonización, humillación y burla de grupos y personas que sirvieron para transformar a un sector de la sociedad, muchas veces englobados en su totalidad como "sifrinos", en el enemigo. Un ejemplo dinámico es el artículo de 2009 "Las lágrimas de Carmen Ramia por el ateneo de Caracas" de la lideresa paramilitar Norma Rivas en Aporrea.com[12] donde celebra la expulsión del Ateneo de Caracas[13] (que llama "oficina de importación cultural") de su sede por parte del gobierno porque "cuando la oligarquía berrea, el pueblo goza". Posteriormente se burla de la directora de la institución, Carmen

---

10   Straka, T.: "La larga tristeza (y esperanza) venezolana". *Nueva Sociedad* (2015).

11   Rodríguez Rojas, P. "La clase media en Venezuela (2)" Aporrea. (2017).

12   Rivas, N. "Las lágrimas de Carmen Ramia por el ateneo de Caracas" Aporrea. (2007).

13   Institución privada sin fines de lucro fundada en 1931 para servir de espacio para el arte y toda forma de expresión creadora. Otrora sede del más grande festival de teatro del mundo.

Ramia[14], por llorar al salir en televisión y de parecerse al magnate mediático Alberto Ravell pues "¿Qué será lo que tienen estos anormales en los genes? Todos tienen los mismos rasgos. Los excrementos se le salen por los ojos tumbándoles el maquillaje". De igual manera, la sifrinidad –es decir: la juventud afluente, americanizada y de gustos aburguesados– fue ligada a un fascismo endógeno inexistente por parte de este discurso, siendo acusados "los estudiantes de universidades privadas, Sifrinos, niños ricos hijitos de papi y mami" de "servir de mampara de la vieja clase política venezolana"[15] a pesar de que los movimientos estudiantiles en contra de las propuestas políticas de Chávez fueron autónomos y se formaron por cuenta propia en las aulas. De igual manera, se advierte de la amenaza de una 'toma sifrina' de Caracas –el sifrino, en retórica, transformado en entidad política y amenazante: de Laura Pérez a Eva Braun– como parte de una "encarnación política del fascismo" de parte de la burguesía venezolana. De igual forma, José Manuel Rodríguez en su artículo "Los Estudiantes Sifrinos y el Fascismo atacan de nuevo" del 2007 en Aporrea.com[16] , crítica las protestas estudiantiles contra el cierre del canal televisivo opositor RCTV pues "esos muchachos, si son niñitos bien como parecen, tampoco deben verlo mucho". Posteriormente, se burla del concepto 'sociedad civil' –usado por ONGs opositoras, canales de televisión y prensa– de ser un eufemismo de "la gente fina" que define como mujeres rubias que "se ponen los lentes en la cabeza" y "los hombres usan *flux* y corbatas durante la semana y franelas blancas y pantalones azulitos los sábados y domingos" (señalando así características fenotípicas y patrones estéticos como pertenecientes a la supuesta oligarquía) para después señalar (hecho que,

14   Directora del Ateneo de Caracas y esposa de Miguel Henrique Otero, presidente de el diario El Nacional. Ambos simpatizaron con Chávez durante su campaña de 1998, enemistándose posteriormente. De hecho, Ramia fue la ministra de Información durante el primer año de gobierno de Chávez.
15   Marcano, M. "Los Estudiantes Sifrinos y el Fascismo atacan de nuevo" Aporrea. (2009).
16   Rodríguez, J.M. "Reflexiones de un camionero sobre la libertad de expresión" Aporrea. (2007).

igualmente, sería ridículo negar) la retórica clasista de ciertos sectores de clase media y alta que llaman "chusma" a la población chavista, que la definen como "tierruos si son del campo, marginales si son
de los cerros y hordas si bajan arrechos por ellos". Posteriormente,
Rodríguez continúa la señalización de patrones estéticos para des-
moralizar al movimiento estudiantil al decir que estos jóvenes "se ven
todos como de la sociedad civil: educaditos, catiritos, con franelas
Lacoste y peinados con crestas de gelatina". Según su visión, los
medios quisieron presentar "a las niñas del Mater Salvatoris, de la
Academia Merici, del Jefferson, Santa Rosa de Lima y Washingtong
[sic]" como cansadas y en protesta pero "estas iban sonrientes y
fresquitas" y seguramente "debían oler a *Flower by Kenzo* que se
compraron en Miami en el puente del primero de mayo".[17]La desmo-
ralización y señalización en base a la educación media del individuo o
grupo[18], sumando más elementos a la creación de estas identidades
dicotómicas, es constante en el discurso ejemplificado en un artículo
de Oscar Urdaneta de 2007[19] –publicado en Aporrea.com sobre la
corrupción interna de su partido y el partido de gobierno: el Partido
Socialista Unido de Venezuela – al decir que los hijos de oficiales
corruptos de gobierno "ya no van a las escuelas bolivarianas sino al
San Ignacio de Loyola o al Mater Salvatoris, para que se codeen bien
y tengan 'una sólida formación católica!" [20] De igual manera, la ubicación geográfica en la capital sirvió de lastre descalificatorio, como

---

17   Ídem.
18   Los colegios de Educación Media han servido desde los noventa como
principal característica identitaria de los sifrinos como subcultura, transforman-
do a ciertos colegios en "colegios sifrinos" o "colegios bien" en el imaginario po-
pular. En Caracas, usualmente: la Escuela Campo Alegre, el Instituto Cumbres, el
Colegio San Ignacio de Loyola, Colegio Los Arcos, Colegio Jefferson, Academia
Washington, British School, Moral y Luces Herzl-Bialik, Colegio Integral El Ávila,
Colegio Mater Salvatoris, Academia Merici, Instituto Andes, Colegio Los Campitos y
Colegio Cristo Rey de Altamira. En Maracaibo: Colegio Mater Salvatoris, Liceo Los
Robles y Escuela Bella Vista. En Valencia: Colegio Internacional de Carabobo. En
Barquisimeto: Colegio Las Colinas, Colegio Río Claro y Colegio Las Fuentes.
19   Urdaneta, O. "¿Qué haremos en el PSUV para combatir la Corrupción"
Aporrea. (2007).
20   Ídem.

cuando la Defensora del Pueblo Gabriela Ramírez llamó "burguesía golpista de Cumbres de Curumo" a los habitantes de dicha urbanización por protestar en las puertas de la base militar Fuerte Tiuna colindante con el vecindario o cuando la paramilitar urbana Lina Ron le pidió al Ministro del Interior y Justicia Ramón Rodríguez Chacín que (tras allanar sedes de paramilitares chavistas) también allanase viviendas en "el este de Caracas" para después hacer un listado de distintos vecindarios de dicho sector de la ciudad capital tales como Baruta, Manzanares, El Cafetal, Chacao y Chuao. El discurso divisivo, como un rebote o retroalimentación, también floreció –quizás en menor cantidad y constancia– en el otro lado del espectro político-social, tal como cuando la internacionalista Beatriz de Majo invitó en 2007 a una inmigrante italiana a su programa en Televen y (la animadora fundamentándose en sus raíces europeas) apoyó sus comentarios descalificatorios sobre los venezolanos al decir que son "flojos" e "irresponsables", dudando además de que el actor negro Coquito, igualmente invitado, fuese trabajador.

En este ambiente social y mediático excesivamente dicotómico, la figura del sifrino –en la narrativa revolucionaria– fue transformada en el símbolo social y estético de "la oligarquía" a través de imitaciones burlescas y exageraciones de parte de personeros del gobierno hacia sus maneras de vivir, hablar ("el mandibuleo") y ver el mundo. Dicho fenómeno fue epitomizado en la cuña televisiva del 2015 de los supermercados estatales Bicentenario, en pleno albor de la crisis venezolana y la grave escasez de productos básicos, en la cual una supuesta sifrina –representada por una mujer rubia, sumamente maquillada, vestida con vestimentas multicolores y a la moda y hablando por teléfono celular– llama a su amiga Maricori[21] para criticar los precios de los productos y decir, con su acento mandibuleado, que "este régimen hay que sacarlo como sea, en la fuerza está la unión. Ahí es

---

21   El apodo es una clara burla al uso de los apodos típicos de pocas sílabas que suelen usar los sifrinos de Caracas, referenciando además a la líder política de clase alta María Corina Machado que los chavistas llaman Maricori como burla a su trasfondo social.

que está, niña". El uso de términos como 'niña' y 'régimen' funciona simultáneamente como burla y representación del vocabulario típico de las clases medias y altas. Además, la frase "en la fuerza está la unión" (contraria a "en la unión está la fuerza") sirve para difamar las posturas políticas de la clase media y retratar a las sifrinas como personas de poca inteligencia. Mientras elige productos, la sifrina le dice a su amiga que está haciendo sus compras en "el Market"[22] para afirmar –en presencia de las cajeras de raza negra– que ella no va al Bicentenario porque "si te ven catirita, bonita y bien vestida te tratan malísimo" pero posteriormente se siente avergonzada ante el cordial saludo de la cajera de piel oscura a la cual le ruega que guarde su secreto: la sifrina está realmente, cual hipócrita que crítica al gobierno únicamente para quedar bien en sus círculos, haciendo sus compras en el Bicentenario. En esta narrativa, la figura de la sifrina es estúpida, clasista, hipócrita y farsante.

A pesar del retrato revolucionario de los sifrinos como extranjeros, desmesuradamente elitistas o apegados al fascismo, el Sifrino del Siglo Veintiuno realmente se vio inmerso y trastocado por el maremoto que fue aquel inmenso cambio sociocultural que se derramó sobre los cerros y colinas de Caracas: la irrupción del marginado y su transformación en foco central de la cultura que, al igual que la producción masiva y sus valores estéticos dominantes, ha abandonado el paradigma de una cultura pop americanizada, urbanizada y de clase media (p. ej. Karina, Franco de Vita, el Miss Venezuela clásico, la sifrina de Caurimare o las publicidades de Belmont) y ha adoptado uno dominado por una cultura pop proveniente de poblaciones históricamente marginadas, de las periferias urbanas y de clase baja (p. ej. el reggaetón, Chino y Nacho, el rap venezolano, las publicidades de Bambino, la Yubraska, etc...). Esto puede verse como parte de un modelo gramsciano de lucha de clases por la hegemonía cultural en la cual la superestructura burguesa es reemplazada por la cultura del proletariado para el establecimiento de la dictadura

---

22   Centro comercial con su propio supermercado ubicado en la urbanización de clase alta Colinas de Valle Arriba.

del proletariado proferida por Marx, siendo la revolución bolivariana el vehículo de este cambio. Las razones de este cambio podrían
también derivarse del desplome del poder adquisitivo, la emigración
masiva de la clase media y la irrupción general de los históricamente marginados en la música y cultura pop latinoamericana. El *shift*
cultural ha sido probablemente uno de los factores dominantes en
la creación de la nueva jerga juvenil, ya que palabras antiguamente limitadas a los anillos de miseria urbana o a grupos delictivos se
han popularizado ferozmente en los jóvenes venezolanos de todas
las clases sociales (aunque aún, más de un sifrino considere varias
de estas palabras como "niches").[23] El fenómeno parece ser una re-
encarnación (aunque por causas diferentes) del "majismo" del siglo
XVIII español cuando "se produjo una inversión de la norma que regía
las otras monarquías europeas" y la aristocracia española comenzó
a imitar "a las clases inferiores".[24] Este 'majismo venezolano' sirve
de evidencia de la profundidad que el discurso oficial bolivariano ha
logrado en la sociedad venezolana, donde la figura del sifrino ha sido
desacreditada y puesta de lado mientras que figuras más populares
o de trasfondos menos suntuosos han sido elevadas y celebradas
por "un movimiento a favor del rescate de lo popular, del indigenis-
mo, de los afrodescendientes, de los excluidos en función de construir un socialismo vernáculo"[25] dentro de "una nueva encarnación
del estado en Latinoamérica –esta vez dirigido mayormente por las
clases subalternas"–[26]. En consecuencia, no es extraño ver a sifrinos
de pura cepa buscando imitar el argot de las periferias urbanas de
Caracas o los estilos y poses de las celebridades del reggaetón: 'el
malandreo'.

---

23   "Beta" ("cuento", "chisme"), "Fuego" ("dale"), "La que tal/La que frao" ("la
mejor", "la oficial"), "El mío" ("pana", "amigo").
24   Seseña, N.: *Goya y las mujeres*. Madrid, Taurus. (2004)
25   Straka, T.: "La larga tristeza (y esperanza) venezolana". *Nueva Sociedad*
(2015).
26   Acosta, S. "Posthegemonía y postsubalternidad: desencuentros del latinoamericanismo frente a la 'marea rosada'", *Cuadernos de Literatura* Vol. XX No. 39
(2016).

El choque con la música pop tradicionalmente dominante en las clases medias y altas –desde Timbiriche, Karina, Franco de Vita o Flans en los ochenta; Fey, Kabah, Maná y Shakira en los noventa o RBD, Reik, Caramelos de Cianuro y Belinda a principios de los 2000– es retratado en el *mega hit* "Atrévete-te-te" (2006) del grupo de reggaetón (género musical que ha dominado la música latinoamericana desde el 2004) Calle 13 donde se invita a una muchacha de clase media alta o alta (una sifrina puertorriqueña) a dejarse llevar por el reggaetón pues "yo sé que a ti te gusta el pop-rock latino, pero es que el reggaetón se mete por los intestinos" y "te saca lo de indio taíno" porque "esto es fácil, esto es un mamey ¿Qué importa si te gusta Green Day? ¿Qué importa si te gusta Coldplay?" y "no importa si eres rapera o eres hippie, si eres de Bayamón o de Guaynabo City" refiriéndose al sector de clase alta en la isla. El grupo, conocido por sus controvertidas canciones con comentarios sociales y posturas de izquierda, tiene además un track llamado "Intel-Lú (la comemielda)" en el mismo álbum, "Calle 13" (2005), donde solo se escucha la voz mandibuleada de una sifrina venezolana[27] decir:

> "¡Ay no! Yo no escucho reggaetón. Ese ritmo es de lo último. Yo lo que escucho es Ricky Martin, Chayanne, David Bisbal. Yo escucho a los lindos, pues, a los ritmos finos. Yo no escucho esa porquería tan ordinaria, el mismo tikitirikititiriki y vulgar, porque lo que hacen es hablar pura paja y además eso se baila ahí pegao, todo sudao ahí, no, no, no, que va. Eso no va conmigo, mi amor".

Pero el pasar de los años ha demostrado que el reggaetón venció vehementemente los prejuicios de la sifrinidad para convertirse en su música preferencial –desde el hit "Gasolina" de 2004 por el puertorriqueño Daddy Yankee– que ahora, enterrando el pop latino y escandalizando en más de una ocasión a padres y educadores

---

27   ¿Es acaso la sifrina venezolana la más notable y coqueta de las varias juventudes afluentes del Caribe para que una represente a dicho sector en una crítica musical puertorriqueña?

de los sectores afluentes por sus letras explícitamente sexuales o misóginas, resuena estruendosamente en los quinceaños estrafalarios de las niñas de élite, en las fiestas de quintas y penthouses de Caracas o en discotecas exclusivas como Le Club donde los sifrinos y las sifrinas (a pesar de poder vivir en La Castellana o tener brazaletes Cartier en sus muñecas) perrean y zapatean al ritmo de Maluma, J. Balvin y Ozuna. Este cambio cultural[28] –que ha convertido a la sifrinidad en fiel fanaticada de un género musical originalmente despreciado por dicho sector cultural y considerado 'marginal', 'niche' o 'vulgar'– ha sido notado por varios comentaristas, tales como el escritor simpatizante al gobierno revolucionario José Roberto Duque cuyo texto "El Discurso del Oeste"[29] (2006) plantea la expansión del oeste de Caracas (como entidad sociocultural más que como ubicación geográfica) hacia el este para prontamente transformar al "eje Centro San Ignacio-Centro Sambil" en "el nuevo centro de la ciudad, el lugar de encuentro e interacción de las clases antagónicas" en reemplazo a Sabana Grande (que el autor considera ahora es oeste, en ojos de la clase alta, a pesar de ser originalmente un sector afluente considerado marcadamente "del este" donde los jóvenes de clase media y alta se congregaban en cafés). Para Duque, la situación que plantea muestra ya signos tales como que "la música que se escucha en los locales y puntos de encuentro donde va la gente del Este (en Las Mercedes, Los Palos Grandes, El Cafetal), las emisoras para 'la gente joven' (la jerga del Este llama "jóvenes" sólo a los muchachos de clase media) están invadidas ya de hip hop, merengue, reggetón [sic.], de esa clase de estética (¿será oestética?) malandra que hace poco era considerada despreciable para el Este". Aun así –de acuerdo a Duque– a pesar de la hegemonía socialista, la "artillería más pesada" de "la invasión" de "la estética, los ímpetus y el

---

28   Aunque este cambio responde a un fenómeno latinoamericano mayor, también podría verse influenciado por la música de orígenes populares de las discotecas en la Isla de Margarita, a las cuales asistían los sifrinos en vacaciones para luego pedírselas al dj en Caracas.
29   Duque, J.R.: "El discurso del Oeste (apuntes iniciales)" El Discurso del Oeste. (2006).

atavismo migratorio de las clases más bajas" a las clases medias y altas son "prácticas y elementos culturales del capitalismo (la buhonería, el reggaetón, el malandreo concebido como práctica gangsteril y no como dato de rebeldía.)"[30]

Contrario a 'la generación boba' de Chirinos en los años caurimareros y el zoológico de Venturini en los noventa, la Sifrinidad del Siglo Veintiuno fue significativamente definida por el despertar de activismos políticos y de justicia social –especialmente en las universidades privadas, con sus curas jesuitas o clases en inglés, donde había sido escaso durante la segunda mitad del bipartidismo adeco-copeyano–. La cúspide de esta movilización de la juventud de los sectores medios y altos de las zonas urbanas del país fue el Movimiento Estudiantil del año 2007[31] , conformado por cientos de miles de estudiantes de universidades privadas y de universidades públicas autónomas que salieron de sus aulas (con masivo apoyo popular) y se vertieron –con máscaras de gas, manos pintadas de blanco y franelas anaranjadas, azules, verdes y rojas– sobre las autopistas de Caracas y atravesaron densas nubes blancas de gas lacrimógena como protesta al cierre del canal opositor RCTV[32] por parte del gobierno de Hugo Chávez y posteriormente –acrecentándose el movimiento– en contra de la reforma constitucional propuesta por el Ejecutivo (que reformaría agudamente el Estado venezolano, de un modelo liberal a uno más colectivista), llevando al rechazo de esta

30   Duque, J.R. "La patria, la invasión gringa y la guerra con Colombia" El Discurso del Oeste (2009)

31   Liderado, entre muchos otros, por Yon Goicoechea (detenido en 2017 por el gobierno de Nicolás Maduro y puesto de vuelta en libertad con condiciones), Miguel Pizarro Rodríguez (electo diputado en 2015), Freddy Guevara (electo diputado en 2015, bajo asilo de la embajada chilena desde el 2017), Daniel Ceballos (elegido como alcalde de San Cristóbal en 2013, encarcelado por el gobierno de Nicolás Maduro en 2014 y liberado en 2018), Juan Requesens (electo diputado en 2015, encarcelado por el gobierno de Nicolás Maduro en 2018) y Gaby Arellano (electa diputada en 2015).

32   La Corte Interamericana de Derechos Humanos sentenció en 2015 al Estado venezolano como responsable de violar la libertad de expresión y discriminar debido al cierre del canal televisivo.

"la música que se escucha
en los locales y puntos
de encuentro donde
va la gente del este,
las emisoras para 'la gente
joven' están invadidas
ya de hip hop, merengue,
reggetón [sic.], de esa
clase de estética **(¿será
oestética?)** malandra que
hace poco era considerada
despreciable para el este".

en un referéndum consultivo –resultado atribuido a las movilizaciones, cadenas humanas y campañas informativas de los estudiantes que se llevaron a cabo en las calles, centros comerciales, plazas y autopistas del país–.

El temblor social y renovador de las visiones políticas y sociales de la clase media y alta –ahora híper-politizada y activamente participativa en la vida política del país– tomó forma en el florecimiento de un sinfín de movimientos y organizaciones no gubernamentales ligadas a temas de interés político y social. Desde la oposición activa de gremios y academias, pasando por asociaciones vecinales organizándose en las colinas y avenidas verdes del este de la ciudad, hasta el auge de líderes políticos provenientes de familias sumamente afluentes, las primeras décadas del siglo veintiuno se vieron marcadas por la activación política de la clase media y de la clase alta: las campañas para promover la votación y el registro al voto de la ONG "Voto Joven" (2009) liderada por Roberto Patiño[33] , las campañas de la ONG "Súmate" (2002) –liderada por María Corina Machado[34]– para promover un referéndum revocatorio, la fundación de la ONG en pro de la libertad de expresión "Un Mundo sin Mordaza" (2009) por Rodrigo Diamanti[35], la creación de "Defiende Venezuela" –para la protección de los derechos humanos y el proveimiento de abogados para presos de pensamiento– por Génesis Dávila, los comedores gratuitos para niños afectados por la escasez de alimentos de Samuel Díaz[36] , la ONG "Beca a un Pana" fundada en 2009 y reactivada en 2017 por Nicola Yammine[37] para proveer apoyo económico en el ámbito académico para estudiantes cuya situación

---

33   Siendo Presidente de la Federación de Centros de Estudiantes de la Universidad Simón Bolívar.

34   Proveniente de una de las familias históricamente más aristocráticas y poderosas de Venezuela.

35   Creador de la campaña SOS Venezuela durante las protestas del 2014, situación que lo llevó a exiliarse a Boston.

36   Presidente de la Federación de Centros de Estudiantes de la Universidad Metropolitana.

37   Presidente del Centro de Estudiantes de la Facultad de Derecho de la Universidad Católica Andrés Bello.

contrario a **"la generación boba"** de chirinos
en los años caurimareros
y el zoológico de venturini en los noventa, la sifrinidad
del siglo veintiuno
fue significativamente
definida por **el despertar de activismos políticos.**

económica ha sido deteriorada por la hiperinflación, y el auge político de Henrique Capriles, Leopoldo López y María Corina Machado[38].

Reflejando la activación política de la clase media alta, el vernáculo y el imaginario popular han creado la figura de la "Doña del
Cafetal"; personaje que representa a cierto sector de la clase media
opositora –específicamente a señoras mayores de cincuenta años,
habitantes del este de Caracas–[39] definidas por el radicalismo político, el uso y esparcimiento de fuentes e informaciones dudosas y
el racismo y clasismo casual de su discurso. Suerte de adecas en-
vejecidas, las doñas del Cafetal se caracterizan por la fiel creencia
en falsos rumores políticos y su propagación, el uso de información
proveniente de fuentes sumamente churriguerescas y difíciles de
conseguirles un origen ("mi vecino me dijo que su tío, que está casado con la hermana de la esposa de un general, le dijo que mañana
va haber un golpe de estado"), la trasmisión mediante redes sociales
y mensajería instantánea de mensajes cursis y empalagosos con la
figura de Piolín, su adoración a figuras como el twittero Lucio Quincio
o los periodistas Marta Colomina, Kiko y Mingo; la transmisión constante del canal Globovisión (cuando aún era un medio independiente
y servía de bastión informático ultra-opositor), la exaltación de su an-
ti-chavismo y patriotismo en las biografías de sus redes sociales y el
uso de términos acrónimos como "castrocomunismo", "narcotiranía",
"castrochavismo" y "comunistoide".

En su blog "Aforismos Clarividentes", la figura de redes Salvador
Suniaga –mejor conocido como "Le Corvo Mecanique"– definió en un

---

38   Capriles, candidato a la presidencia en dos ocasiones, proviene de la unión
de dos familias de abolengo relacionadas al sector productivo, industrial y comunicacional del país. López, posteriormente encarcelado por Nicolás Maduro, proviene
también de poderosas familias relacionadas al sector comunicacional y al político
en los años previos a Chávez. Machado, que igualmente traza su linaje al mantuanaje, pertenece a una afluente familia dueña de múltiples corporaciones – muchas
eventualmente expropiadas por Chávez. Capriles y López fueron alcaldes de Baruta
y Chacao respectivamente, dos de los municipios más afluentes de Caracas.
39   Probablemente El Cafetal fue la urbanización selecta para el epíteto debido a su historial como heartland adeco que le dio el apodo "El Adecal" por mucho
tiempo

artículo del 2010[40] a "las doñas opositoras" con las siguientes características: el uso de mayúsculas al escribir en redes sociales, lo cual "es un equivalente a emular gritos"; la divulgación de supuestos "sacudones" pues afirman estar bien conectadas al inexistente "secreto mundo conspirativo opositor"; proponer marchas, apagones de luz y cacerolazos "por la libertad y la democracia"; la crítica constante de banalidades más que de verdaderas razones políticas, tales como criticar la verruga de Chávez o que "parece un mono, un macaco" además de "achacarle todos los males habidos y por haber al mandatorio"; la creencia fiel en pronósticos astrológicos políticos y en Adriana Azzi, astróloga que por años pronosticó fallidamente para el año consiguiente la salida de Chávez; la exigencia de un nuevo Marcos Pérez Jiménez –es decir, el retorno a una dictadura militar de extrema derecha que ponga "mano dura a todos esos vagos" –; ver Globovisión las veinticuatro horas del día ya que aunque "el catolicismo quizás sea el culto oficial", es este canal la verdadera religión y el periodista Leopoldo Castillo su mesías; y finalmente la falsa creencia de que la oposición ha sido mayoría en Venezuela desde 1999 y el chavismo solo se ha mantenido en el poder mediante artimañas y represalias.

La Doña del Cafetal también ha sido encarnada por el personaje ficticio "Señora María Alejandra López" del portal satírico Chigüire Bipolar, protagonizando varios artículos y retratada como una señora mayor y de pelo corto teñido de rubio que participa en protestas opositoras, vive en Alto Prado con su marido Ricardo y tiene un teléfono celular cuyo *ringtone* es Il Divo. María Alejandra es retratada en situaciones cómicas como cuando logró que diez personas se volviesen chavistas en un solo día[41] , debido a sus comentarios racistas y clasistas, o la ocasión en la que pensó que Chávez había huido exiliado hacia Cuba debido a una falsa noticia:

---

40   Suniaga, S. "10 Características Típicas de las Doñas Opositoras" Aforismos Clarividentes: Una Añoranza a la Ilustración. (2010).
41   Chigüire Bipolar. "Señora María Alejandra López crea más de 10 chavistas en un día" El Chigüire Bipolar. (2009).

"No pudo contener las lágrimas. Todas las marchas, todas las puteadas cada vez que el 'Loco ese' se encadenaba, todas las bailoterapias, todos los pálpitos que sintió cada vez que veía a Pablo Medina con Miguel Ángel diciendo que 'ahora sí', la rabia que sintió con Arias Cárdenas, todo se compensó. Tocó cacerolas en la ventana. Colgó la bandera –la de 7 estrellas, por supuesto– de la reja del balcón".[42]

Además, la señora María Alejandra López quisiera "agarrar a Iris Valera por las greñas y echarle champú avispa", pide que no se le mencione "a Tibisay, a la vagabunda esa" y sueña con "darle unos carterazos a Acosta Carlez".[43]

De igual forma, han surgido cuentas satíricas en Twitter que retratan doñas del Cafetal tales como @ViejaDelCafetal –cuya biografía la define como: "Venezolana de amor. AntiChavista a muerte. Sacar adelante al país y curarlo de ese cáncer (no el de Chávez si no Chávez) es la meta. Arriba Globovisión"– o @SraDelCafetal definida como "#DelCafetal MADRE LUCHADORA INCANSABLE por la Venezuela que todos queremos, liberando a mi nación de las garras de los Castro. Demócrata y ADca 100%". La figura se ha popularizado hasta aparecer en 2015 el blog "Venezolana en Tránsito", de Lilia Malavé Gómez, en la forma de un satírico texto romántico titulado "Soy tu doña de El Cafetal"[44] donde la autora desea "ser una doña de El Cafetal, para sembrar en ti el caos y susurrarte al oído, despacito, a deshoras. Yo quiero ser tu primicia, tu tanquetazo imprevisible" ya que "sabrás, entonces, que te quiero porque pensé en ti cuando el amigo de mi cuñada, muy conectado con Diosdado, me dijo que hoy sí. Que hoy seguro se prende algo". Y con tales seducciones románticas, la poeta enamorada desea encarnar a "tu señora de El

---

42   Chigüire Bipolar. "La señora María Alejandra López de Gutiérrez cae por inocente" El Chigüire Bipolar. (2008).

43   Chigüire Bipolar. "Entrevista a la señora Marialejandra López" El Chigüire Bipolar. (2009).

44   Malavé Gómez, L. "Soy tu doña de El Cafetal" Venezolana en tránsito. (2015).

Cafetal" para que hasta en vacaciones "sepas de mis conspiraciones y mis pasiones" y para "arrullarte con leyendas de copeyanos honrados y adecos serios", constantemente deseando ser "tu doña de El Cafetal, de Alto Prado y también la de Manzanares" –de ser "tu fuente confiable de Los Naranjos, el Alto Hatillo y Oripoto"– para que "nunca dudes que este desgobierno va a caer y entonces, mi amor, tú y yo seremos felices y comeremos perdices".

Delimitar a los sifrinos en la dinámica social venezolanas durante las presidencias de Chávez es un proceso dificultoso y de entendimientos zoológicos, urbanos y sociológicos dentro de aquel jardín cambiante del cual brotan aves y lagartos nuevos, desaparecen especies anticuadas y otras se quiebran en nuevas variantes. Paradójicamente, a pesar de una disminución del poder adquisitivo, el festival populista de derroche petrolero que fue el chavismo "facilitó enormemente el crédito para adquirir casas y vehículos, en un contexto de creciente inflación"[45] a una clase media maltrecha que se propinó viajes subsidiados a Panamá y Aruba gracias al control cambiario y préstamos de bancos para prótesis de senos. Beneficiados por los altos precios del petróleo, los compradores adquirieron "desde teléfonos celulares hasta whisky escocés" y se importaron "343,000 automóviles" en 2006, un incremento del 50% desde 2005, mientras "30,000 mujeres venezolanas de una población nacional de 26 millones tuvieron cirugías de aumento de senos", un incremento del 80% desde 2005[46] , llevando incluso a que el doctor estadounidense Robert Rey –mejor conocido como Dr. 91020, por su programa televisivo homónimo en E! Entertainment Television– participase como juez en el Miss Venezuela 2006. Para ese año, Venezuela se convirtió en el segundo país sudamericano con más suscriptores de celulares (per cápita, en el primero) –de los cuales 10% de los usuarios tenían entre 7 y 13 años de edad– y

---

45   Loaiza, Lexander: "La aniquilación de la clase media venezolana" La Cháchara. (2017).
46   Associated Press. "Consumerism, not socialism, is on the rise in Venezuela" The Mercury New. (2007). Traducción del autor.

@SraDelCafetal:
#DelCafetal MADRE
LUCHADORA
INCANSABLE por
la Venezuela que todos
queremos, liberando
a mi nación de las garras
de los Castro. Demócrata
y **ADca** 100%.

en el primero de América Latina con mayor uso de la mensajería de texto mientras que los centros comerciales reportaron un incremento de ventas de 40%, totalizando 8.3 billones de dólares. Así, para el verano, 98% de los cupos aéreos con destino a Europa y a Estados Unidos habían sido vendidos y pagados, según reportaba la Asociación Venezolana de Agencias de Viajes y Turismo.[47] A su vez, los sectores pobres adquirieron "hornos de microondas (el número de hogares que lo posee se triplicó), DVDs (se septuplicó), aire acondicionado (se cuadruplicó) y otros productos".[48] En la televisión, Chávez gritaba: "yo no estoy dispuesto a seguir dando dólares para importar whisky en las cantidades que están dando. ¿Qué revolución es ésta, la del whisky, la de los Hummers? ¡No!" [49]

En esta retorcida "economía subsidiada e improductiva"[50] se pierde el valor del dinero pues la clase media venezolana "no puede comprar una casa, no tiene capacidad de ahorro, ni siquiera pueden comprarse un trozo de carne de primera calidad en el mercado (porque esta, casi no se consigue); pero, en cambio, sí pueden comprarse un teléfono de más de cuatro mil seiscientos dólares". Por ende, se pervierte "el valor de las cosas y hasta los símbolos de estatus social", pues "no saben distinguir una buena marca de una marca pirata carísima, compran cualquier chiril a precio de Gucci, etc.", y crea una sociedad mayoritariamente dominada por "importadores y consumidores".[51] Aun así, esta clase media que "estudia en universidades públicas, asiste a hospitales, utiliza transporte público" ha sido paradójicamente "la más constante en su rechazo al chavismo" ya que "ha sufrido de manera directa a depauperación de su calidad

---

47   Aporrea "¡Por culpa del castro-comunismo!: para estas vacaciones 98 por ciento de los cupos para Florida y Europa están vendidos" Aporrea. (2006).
48   Valery, Yolanda: "Venezuela consumista" BBC Mundo. (2010).
49   Ídem.
50   Silva, John Manuel: "Burgueses y bohemios: La ciudad que no existe" Panfleto Negro. (2012).
51   Silva, John Manuel: "El discreto encanto de la burguesía" Panfleto Negro. (2009).

de vida y la disminución de sus libertades civiles"[52], creando así una situación extraña y dependiente donde "a la clase media puede que no le guste Chávez, puede que lo llamen mono, macaco, marginal, mico y demás epítetos racistas y discriminatorios"[53] pero teniendo "un frenesí consumista" que "ha llegado a niveles enfermizos" y que se debe a la revolución bolivariana. En el mismo artículo –donde en rechazo *hipster* y ranciamente esnob corta las cabezas de la clase media y de la farándula nacional– John Manuel Silva dice "que nunca había habido tantos carros en San Antonio", ciudad dormitorio de clase media en los montes colindantes a Caracas, además de volverse un país líder en uso de Facebook, consumo de teléfonos Blackberry y conciertos de "artistas devaluados, que vienen y cobran una fortuna por presentar sus arcaicos y desprestigiados shows, como si fueran la última novedad". Finalmente, con ojo profético y en retrospectiva duramente cierto, pronostica que para esta clase media de préstamos y subsidios se avecina "desempleo masivo, deudas por montón, suspensión de créditos, hambre papá, a la clase media le viene hambre pareja cuando se acabe la feria".[54] Entonces, ¿dónde se delimita a la sifrinidad –como tribu social o subcultura urbana; como aquella juventud americanizada de gustos aburguesados con sus sitios, estética, jerga y normas sociales características– en este contexto de clase media que consume frenéticamente a base de subsidios y préstamos pero pierde su calidad de vida ante la inflación y la inseguridad?

El Sifrino del Siglo XXI, a diferencia de la amplia sifrinidad de Laura Pérez y su abarcamiento de grandes sectores de la clase media, provino de un contexto más exclusivo y afluente. Contrapuestos a aquella clase media subsidiada por el sistema económico chavista, los sifrinos de inicios de siglo son hijos de grandes empresarios

---

52   Silva, John Manuel: "Contra la satanización de la clase media" Panfleto Negro. (2014).
53   Silva, John Manuel: "El discreto encanto de la burguesía" Panfleto Negro. (2009).
54   Ídem.

y profesionales con altos ingresos –ambos poseedores de ahorros dolarizados en el exterior– y con niveles de vida y poder adquisitivo superiores a los que pudiesen proveer los préstamos y subsidios del Estado. Este sector social burgués –en contraposición al consumo de valor pervertido de la clase media subsidiada– podía adquirir grandes quintas con jardín o penthouses de pisos de mármol, Toyotas 4-Runner y Fortuner blindadas, poseer casas vacacionales en las torres de vidrios azules y pared blanca de Brickell con sus estacionamientos llenos de Range Rovers o embarcarse en viajes de múltiples meses en Miami o por distintas paradas del Viejo Mundo sin la necesidad del cupo subsidiado y de valor cambiario provisto por el gobierno (lo cual no quiere decir que no se aprovechasen de este, en especial para los estudios en el exterior donde su uso por parte de las clases afluentes fue casi generalizado). Además –volviendo a Bourdieau y sus teorías en cuanto al gusto– la sifrinidad se siguió definiendo a través del uso de subculturales distinciones que incluyen el colegio donde se estudia el bachillerato, los eventos y sitios a los que se asiste, la manera de vestir, el uso de marcas, las normas sociales y el *networking* caraqueño –porque, *o sea, duh*–.

Claro está, la sifrinidad no evadió el maremoto negrirrojo de derroche que hizo de la vida en Venezuela una experiencia paradójica, sintética y retorcida de nueva boutique Louis Vuitton que rompía records de venta en la región; de Chávez acusando a George W. Bush de ser el mismísimo diablo desde el podio de la Asamblea General de las Naciones Unidas; de *No Doubt* y *Black Eyed Peas* tocando en el Caracas Pop Festival, de un teleférico público entre las favelas y de noticias reportando continuamente el asesinato de los hermanos adolescentes Faddoul en un secuestro. La Sifrinidad del siglo XXI celebró en estrafalarios matrimonios y quinceaños en la quinta La Esmeralda con incontables botellas de champagne rosé, techos de orquídeas y tulipanes, novias en brocado y encaje de Elie Saab y Vera Wang, mesas rococó con macarrones franceses del color del arcoíris y postres con sobredosis de azúcar, cantantes internacionales del reggaetón y del merengue animando a la masa sudorosa

de invitados y shows de luces de delirio eléctrico; de igual manera, abundaron las avionetas privadas –que ya no despegaban de la
Carlota, en pleno corazón verde del este de Caracas, tras su trasfor-
mación en base militar por parte del gobierno–, las fiestas de graduación de bachillerato se hicieron verdaderos bacanales de luces y ron
donde los tequeños y el derroche se expandían hasta el amanecer y
los Festivales de Gaitas –donde los colegios de Caracas competían
musicalmente– se transformaron en enormes ferias de trajes iridis-
centes y multicolores, cantantes internacionales invitados, shows de
luces y plataformas de conciertos para la masa eufórica y sifrina.

De las entrañas del maremoto revolucionario, surgió –como espejo invertido de la sifrinidad– un nuevo grupo social que fue apodado
"boliburguesía" por el periodista Juan Carlos Zapata "para definir a
la oligarquía que ha crecido con protección del gobierno chavista" y
que constituyeron así una nueva clase social conformada por "empresarios y políticos"[55] y sus familias que se han enriquecido con
toda suerte de negocios ilícitos y colosales actos de corrupción de
envergaduras no vistas previamente. Este grupo nuevo –bajo el eslogan socialista pero haciéndose dueños de un abanico de empresas fantasmas y apropiándose de fondos públicos que terminaron
en cuentas de Suiza, Andorra y Panamá– se encontró en choque
directo con la sifrinidad pero también en una relación incestuosa y
paradójica de aceptación en sus círculos y mezcla social a pesar de
la crítica de parte de la burguesía tradicional y de las campañas para
prohibir la sociedad de bolichicos y boliburgueses en los clubes sociales (aunque incidentalmente algunas juntas directivas fuesen se-
ducidas por los brillantes regalos de los bolichicos). Así, el sifrino y el
boliburgués se enfrentaron, se invitaron a sus fiestas, y comieron de
los tequeños en sus mansiones mientras se acusaban de oligarcas
y ladrones respectivamente (siempre y cuando, no hubiese mucha
relación directa con los rostros públicos del gobierno). En este coi-
to sadomasoquista de burguesías, los sifrinos –a pesar de disfrutar

---

55   TalCual. "Auge y caída de un boliburgués" TalCual. (2009).

de quinceaños boliburgueses con Maluma o enviar a empresarios dudosos invitaciones a sus matrimonios– se escandalizaron con (y ridiculizaron a) la boliburguesía y sus yates llenos de modelos y reinas de belleza de dudosa actividad, bautizadas como "prepagos" o "bendecidas y afortunadas", en Morrocoy; sus iPads e iPhones recubiertos en oro, sus Rolex y Audemars Piguet *bling bling*; sus pintas con mocasines blancos, trajes de colores chillones y logomanía desmedida; sus Hummers, las operaciones plásticas ridículamente exageradas de sus mujeres y los aviones privados, condominios en Trump Towers y mansiones decoradas con kitsch en Miami Beach y demás bienes opíparos adquiridos con dinero ilícito. Además, varias familias o jóvenes ricos que aprovecharon la ola de corrupción para crear un aviario de cadiveros y bolichicos.

El cronista por excelencia de la Sifrinidad del siglo XXI fue el *bloggero genxer* Toto Aguerrevere –un sifrino que aceptó con frente alta y orgullo su pertenencia a la tribu, en contraposición a la Sin Par de Caurimare y su "sifrina será tu suegra". Aguerrevere se dinamitó a la fama en la segunda mitad de los dos mil con su blog "Conversations Overheard at the Mad Hatter's Tea Party", centrado en crónicas y meditaciones sobre la Caracas sifrina o, como Aguerrevere decía, de una sociedad donde las mujeres se planchan el pelo antes de ir a la playa. En el blog, retrató las costumbres, maneras de ser y personajes de ese sector social a pesar de que, en sus palabras, la boliburguesía de mucha más tela para cortar.[56]

Aguerrevere, que define a la sifrina por excelencia como "cualquier mujer que almuerce en un restaurante un martes a las 12 del día" además de especificar que el sifrino nace y no se hace[57] , trató en su blog múltiples temas 'sifrinísticos' (neologismo de su autoría) tales como la importancia del colegio y los estereotipos asociados a estas instituciones caraqueñas cuando se sale románticamente con una

---

56   Celedón Mendoza, A. "Toto Aguerrevere: 'Soy hombre de una sola bebida (2013)" La Calle del Embudo. (2015).
57   Ídem.

persona en la adultez sifrina[58] . En su ensayo "Sifrino de cepa no dice 'más fino': cosas que hacen los sifrinos de Caracas"[59] , publicado originalmente en su blog como "Semana Nacional del Sifrinismo" y posteriormente en su libro "Cuentos de sobremesa" (2010), Aguerrevere dice que "poco se ha escrito sobre los sifrinos, salvo unos conceptos peyorativos que no describen la realidad 'sifrinística.' Esto lo sé de primera mano. Lo sé, porque no tengo tapujos en decir que yo 'te soy' un sifrino. Detesto el cotillón de las fiestas, me conozco Nueva York mejor que el centro de Caracas y me tardo full al entrar a un baño público" además "no tolero a las personas que dicen: 'Sí amigui, más fino.' No soy un ridículo, lo que soy es un sifrino insoportable". En su definición, "tener real no tiene que ver con ser sifrino. Eso se llama 'millonario' ya que "el sifrinismo es una actitud, un modo aburguesado de ver la vida. Un sifrino abre la boca y todo el mundo sabe que lo es. Lo peor es que la gente se jacta, y jura y perjura que ellos jamás son ni serán sifrinos". Finalmente, suerte de apología o aceptación orgullosa de su tribu, dice que "nosotros también somos gente chévere. Insoportables porque hablamos en inglés y en español en una misma oración, pero chéveres al fin". Entre muchos puntos detalladamente explicados, Aguerrevere define algunas características de los sifrinos: declarar que una tendencia "se puteó", ir al tour de quinceaños por Europa, que un alcalde oficie el matrimonio civil, decir 'Federico mi primo', divorciarse antes de que llegue el álbum de matrimonio, marchar usando camisas Columbia, mandar cosas prestadas o regaladas en bolsitas *Ziplock* y con el chofer, compararse con series de televisión americanas, ser "un pequeño egoísta" en "materia de tequeños", (en el sifrino hombre) arremangarse las mangas de la camisa tres dedos por encima del reloj, traerse cajetillas de Tylenol desde Miami, el rechazo acérrimo a las palabras "cabello" y "orinar" (las sifrinas *siempre* dicen "pelo"), participar en un Festival de Gaitas, ir a Le Club hasta decir que "se ha convertido en un *Baby Gym*", meter a sus hijos en el colegio que el progenitor odió, nombres

---

58   Publicado bajo el título "Online Dating no Apto para Esnobs" en su blog.
59   Aguerrevere, T. Cuentos de Sobremesa. (2010).

como Matías, Emiliana, Clarisa y Santiago (como resultado de buscar un nombre que sea "original" y "que pegue bello con el apellido en las tarjetas de presentación"); tener sobrenombres que "se vuelven tan conocidos que estos son los que usan para identificar al sifrino", que diferencian al sifrino de su antecesor del mismo nombre o que bautizan a la sifrina como "la Flaca" o "la Gorda"; y ser parte de un cortejo de bodas. Sin duda alguna, Aguerrevere marca un hito al aceptar y celebrar frontalmente y sin titubeos su propia identidad sifrina y al, desde la interioridad de la tribu y atravesando las velaciones sociales de la sifrinidad hacia el resto de la caraqueñicidad, definir y diseccionar a dicha subcultura social, sus pautas, cánones, cosmovisiones y comportamientos sin el peso desequilibrado –resultado del discurso revolucionario y la inseguridad rampante en las calles de Caracas– de "la vergüenza burguesa" y los bajos perfiles de la burguesía y su discreto encanto.

"A pesar del estado de sitio no declarado al que la delincuencia rampante ha condenado a la ciudad"[60] , la sifrinidad de inicios de la década del dos mil vivió una "vida nocturna de Caracas, aunque parezca increíble, en las zonas del Este sobre todo, [que] pasa por una suerte de *belle époque*" de locales con perfiles "XO, 'adulto contemporáneo, joven sifrino y variantes autónomas para clase AB"[61] pues "desaparecido el litoral central[62], mermado el empleo, acabada la Cuarta República, tomada la ciudad por la buhonería y las calles por los delincuentes, a los caraqueños aún les queda la noche como gozoso consuelo" con la pista "llena de modelos de ambos sexos y sorprende la cantidad de mujeres solas que bailan en grupo. En efecto, las *discos* en Caracas son el Edén, el jardín de las delicias para el soltero en plan depredador" que creaban "una nueva manera

---

60   Caridad Montero, C. "Caracas. La Noche Insiste". *Revista Exceso* n135 (2000).
61   Fihman, B.A. "Caracas by night". *Revista Exceso* n135 (2000).
62   Referencia a la tragedia de Vargas, en diciembre de 1999, cuando las lluvias destruyeron el litoral central y sus clubes de playa privados – dejando una tasa de entre 10.000 y 30.000 muertos.

de entender el viejo eslogan publicitario de La *sucursal del cielo*. Caracas es la ciudad de las mujeres solas".

En aquellas noches frenéticas de decadencia imperial y rumba apocalíptica, la juventud sifrina transitaba por las calles de Las Mercedes y por los pasillos del Centro San Ignacio, brincando del O'Club –suerte de *club privé*, al estilo Le Club, "el más respingado centro social de la capital"[63] , de dos niveles y estrambóticas luces color *SKYY Vodka*, a la vecina Masai –de decoración *African chic*, banquitos de piel de cebra incluidos–; siendo ambas "una especie de *Cenicienta* al revés. Pasada cierta hora de la noche se convierte en discoteca".[64] Así, las especies exóticas de aves urbanas caraqueñas continuaron habitando y sobrevolando el C.S.I., –Centro Comercial San Ignacio– sacro templo fundado a finales de los noventa, y sus múltiples bares y discotecas: *Vintage, Loft, Whisky Bar* (porque "¿qué sería de los escoceses sin los venezolanos?"[65]), *Suka Bar* y posteriormente 2-0-5 (dos cero cinco). El reinado del San Ignacio y sus dos torres de ladrillo nocturnamente iluminadas con colores, construidas sobre las canchas del reconocido colegio –también de sifrinos– llegó a su apogeo con la mudanza de Le Club (tras el cierre de O'Club) a sus pasillos y abandonar su segunda sede en el empresarial Centro Letonia en Chacao– a su vez, una mudanza de su sede original después de varias décadas en el Centro Comercial Chacaíto; ahora oeste y como si el club privé quisiese también enterrar a la Cuarta y su cultura caurimarera.

La juventud *in* de la Caracas de los 2000 también hizo vida en Café Atlantique, "el sitio más novedoso de restauración en Caracas entre los años 2002 y 2001"[66], ubicado en el Edificio Atlantic ubicado en los Palos Grandes; un edificio artificiado por Angelo di

---

63   Caridad Montero, C. "Caracas. La Noche Insiste". *Revista Exceso* n135 (2000).
64   Ídem.
65   Caridad Montero, C. "Caracas. La Noche Insiste". *Revista Exceso* n135 (2000).
66   Veloz, A. "Café Atlantiqué: de la utopía petrolera a los mandiles famosos" El Estímulo. (2015).

Sapio "con influencias de Le Corbusier, Gio Ponti y Pier Luigi Nervi" que fue concebido originalmente para alojar la sede de la *Atlantic Refining Company* y siendo el único edificio construido de "una utopía llamada Centro Petrolero de Caracas, que abarcaría desde Los Palos Grandes hasta la Plaza Francia". De hecho, en honor a di Sapio y su bendición al café –quien falleció antes de poder verlo–, Café Atlantique creó el coctel Sapio Sour. Atlantique no solo atrajo a la juventud aburguesada con su constante visita de chefs y pasteleros mundialmente famosos, desde Thomas Buckley de Nobu Miami hasta Pascal Molines, si no por su mueblería y decoración que capturaba "elementos originales del espíritu moderno de la Caracas de los años 50" y porque "los viernes en la noche se organizaban las exitosas fiestas Voyage con los Dj Trujillo, David Rondón y Titina Penzini, quienes reunían a un público fashion y de avanzada". [67]

El principio de los 2000 vio la continuación de la construcción de mega-*malls* con multiplex y ferias de comida –claustrofóbicos mamotretos de ladrillo, tales como el Paseo El Hatillo o Galerías Los Naranjos– que crecían en las suburbanas colinas del sudeste donde la juventud afluente hizo vida ante la pérdida de cafés abiertos y bulevares a la delincuencia. Reinando por muchos años y alzándose sobre un antiguo parque de diversiones, el Tolón Fashion Mall se convirtió en el principal centro de consumo caraqueño –observando, con sus boutiques de moda y su multiplex, a las avenidas con nombres de ciudades de Las Mercedes y sus restaurantes de lujo– y atrajo, a través de su fina oferta gastronómica, a la sifrinidad caraqueña que se regodeó en el Piso Cinco. Decía el usuario "Alejandro (pipo)" el 20 de abril del 2006 en el fórum "Describe los malls de tu ciudad" de skyscrapercity.com que en el Tolón "la gente es bonita, pero los días de semana hay mucha población de los colegios de sifrinos de los alrededores", mencionando específicamente al Mater Salvatoris y a la Escuela Campo Alegre, que en aquel momento salían de sus

---

67   Ídem.

colegios vecinos rumbo al *mall* para comer en su TGI Fridays o ver películas en su cine de alfombra multicolor.

Pero Venezuela siguió sitiada por "la crisis carcelaria, los cadáveres que atiborran las morgues cada fin de semana, los robos de vehículos y, casualmente, los secuestros *express*" mientras el gobierno revolucionario no aceptaba la existencia de "niños de la calle, ni huelepegas ni atracos".[68] Así, la decadencia crepitó sobre la *belle époque* nocturna anunciada por Exceso en el 2000, a medida que la sifrinidad blindaba sus autos, contrataba escoltas y se transmutaba en un sector social desmedidamente protegido y aislado –cada vez más limitados– entre sus hogares y los clubes sociales de piscina, tenis y golf; devorados por la paranoia y encerrados entre muros con vidrio y alambres –más cámaras de seguridad– en las quintas y pesados vidrios antibalas en sus autos. Con el chavismo agudamente afincado en el poder tras los estruendosos fracasos políticos de la oposición entre el 2002 y el 2006 y con un proceso emigratorio descociendo las clases afluentes de Venezuela, la vida nocturna caraqueña se reestructuró a medida que los *millenials* (o Generación Y) –que poco recordaban la Cuarta República, consumían más los *realities* de Paris Hilton que las películas de Drew Barrymore y reconocían a Juan Barreto mejor que a Irene Sáez– comenzaban a reemplazar a la Generación X como principal *crowd* juvenil al son de que los antiguos locales *in* de la era del Y2K, 9/11 y del Paro Petrolero cerraban sus puertas antiguamente atiborradas.

Los sifrinos de la segunda mitad de los 2000, con su festín violento y su inflación *record-breaking*, continuaron velándose en la noche como refugio ante el quemador golpe de las olas de aquel maremoto rojo. En Sawu –consagrada discoteca con rumbas de vodka y ron donde se conseguía *la tout Caracas*; cerrada en una ocasión tras problemas con la élite chavista– la juventud sifrina siguió vertiéndose sobre Las Mercedes como hacía desde tiempo inmemorial. "Intima, vanidosa, y por supuesto, noctámbula", decía la Revista Exceso en

---

68   Flores, C. "Secuestro Express. Miserable como Venezuela". *Revista Exceso* n190 (2005).

2006 sobre Sawu que "el todo Caracas coronara como favorito desde su apertura en 2004" y por cuyas concurridas puertas "han pasado las caras lindas de la farándula nacional, el Indecu, Lorenzo Mendoza, el Seniat, el alcalde de Baruta, el Seguro Social, Maruja Beracasa y dos de los hijos del presidente Chávez".[69] Fundada por los hermanos Vladimir y Zdenko Morovic, junto con sus socios Antonio Cilio y Alberto Leggio, la discoteca –con su mueblería asiática– atrajo a "gran parte de la clientela ganada desde Versus, aventura *underground*" en El Rosal y "la posterior apertura de Seven" para hacerse "posicionada y archiconocida en Caracas por las bondades de su rumba" y por su igualmente famoso "efecto rebote que muchas personas han experimentado en la puerta del local".[70] De igual manera –en 2-0-5, en el local donde Masai había hecho vida en el San Ignacio– siguieron haciendo vida en el C.S.I. a pesar del incremento de secuestros y crímenes debido a la naturaleza abierta de la arquitectura del *mall*. Así, como parte de la fricción entre los altos ingresos petroleros y la delincuencia y autoritarismo, surgieron brotes de locales *to see, and be seen* –varios de ellos efímeros, volviéndose "niches" al ojo sifrino en poco tiempo– en aquel eje entre las avenidas de Las Mercedes y el San Ignacio y sus alrededores en la afluente Chacao: Ágora, Opium, Gótica, Rosalinda (*in* en sus primeros meses), Vintage, One (durante el cierre de Le Club debido a su segunda mudanza), Masara, Siva, Bar + Pizza, etc. También fueron frecuentadas discotecas dentro de los clubes campestres como El Pingüino en el Caracas Country Club y La Foca en La Lagunita Country Club.

Además de seguir con los festivales de gaitas, con invitados como Juanes y la participación de los equipos gaiteros colegiales en el festival Ketchup Heinz en el CCCT, la juventud de los 2000 –entre la globalización y el despertar político de las clases afluentes– también fue la primera generación en traer el concepto de los modelos de las Naciones Unidas (o "munes") a los colegios y universidades – posteriormente, logrando que múltiples colegios y universidades

---

69   Ávila, J.L. "Confesiones de una disco". *Revista Exceso* n199 (2006).
70   Ídem.

venezolanas ganasen los premios más prestigiosos de estas compe-
tencias en ciudades como Nueva York, Filadelfia o Boston–. De igual
manera, a medida que el club social y sus tenis y piscinas tomaban
un papel más protagónico (menos familiar, más juvenil) en la vida social de la juventud afluente debido al acoso del crimen en las calles,
los bazares de mil corotos y macundales organizados por country
clubs de élite o asociaciones de damas benéficas pertenecientes
a alguna orden religiosa o grupo étnico inmigrante siguieron en aumento en los dos mil –en especial con los altos niveles de consumo–.

Con más seriedad interpretativa y profundidad de personaje que
la Sin Par de Caurimare de Tío Rico en los ochenta o los Waperó del
programa Radio Rochela (que tras cinco décadas había desaparecido con el cierre de RCTV en 2007, impuesto por el gobierno de
Chávez) en los noventa, el retrato de la sifrinidad en el arte televisivo
de los 2000 fue personificado por Verónica Luján (interpretada por
la actriz Marisa Román) de la controversial telenovela de Venevisión
"Cosita Rica" (2003-2004), una alusión alegórica a la situación del
país. Suerte de *Parent Trap* criollo, Verónica –*globe-trotter*, heredera
del imperio cosmético más grande de Venezuela, graduada de los
mejores colegios, formal y reservada– anhela (sin saberlo al inicio
de la telenovela) la existencia de su hermana gemela María Suspiro
(igualmente interpretada por Román) que se ha criado en un popular barrio, sueña con ser Miss Venezuela y posee una personalidad
hiperactiva, folklórica y distraída.

Bien decía la escritora Carolina Acosta-Alzuru en su libro
"Venezuela es una telenovela" que "Verónica y María Suspiro son
el 'este' y el 'oeste' socioeconómico"[71], llevando a los televidentes
a instruirse "en el arte de reconocer las aristas de su país en las
cuales muchas veces no piensan" por medio de las experimentacio-
nes y aprendizajes de las hermanas de un mundo que les era desconocido[72]. Así, más allá de servir de alegoría de los dos extremos
sociales del país –a fin de cuentas hermanas gemelas y buscando

---

71   Acosta-Alzuru, C. *Venezuela es una telenovela.* (2007)
72   Ídem

encontrarse– las hermanas sirven en la trama para explorar los choques, desigualdades y contrastes de las clases sociales venezolanas una vez que María Suspiro y Verónica deciden intercambiar personalidades y hogares, llevando a Verónica a pasar una larga temporada en el barrio República y a María Suspiro a convivir con las amigas "sifrinas rancias" de la universidad privada a la que asiste Verónica. Esto se ejemplifica en Verónica aprendiendo a bañarse con tobos de agua que "han sido acarreados con esfuerzo escaleras arriba" mientras "María Suspiro entra en éxtasis cada vez que utiliza la amplia sala de baño con agua corriente" en la habitación de su hermana rica. La nevera y su comida también son "motivo de contraste" al igual que el "descubrimiento de las posibilidades tecnológicas" que hacen que María Suspiro exclame con fascinación: "¡Chamo, burda de lo Mátrix!"[73]

Otro personaje que alude a ciertos estereotipos de la clase media-alta y alta, de manera más caricaturesca, es Tiffany Cruz (interpretada por Nohely Arteaga) quien originalmente es la amante del patriarca Luján. Posteriormente, brinca del conflicto y la crítica ("este hombre le falta la neurona del buen gusto") al romance frívolo y materialista y pasa a ser la amante de Olegario Pérez (alegoría de Hugo Chávez, interpretado por Carlos Cruz); el simpático pero amoral hijo ilegítimo del padre de Verónica y su hermano mayor –con quienes entra en conflicto al heredar sorpresivamente la empresa una vez que muere el patriarca Luján, dejando a ambos hijos legítimos fuera de la herencia corporativa–. Al finalizar la telenovela, Tiffany (a pesar de su esnobismo y culto al buen gusto) se ve forzada a vender sus prendas caras en un puesto de buhoneros en una zona popular de Caracas. Así, el personaje sirve de alegoría de ciertos sectores de las élites y su relación suicida, parasitaria e hipócrita con el chavismo.

La vanidad de Tiffany se contrasta en la telenovela con la sencillez de Concordia (interpretada por Elba Escobar), la madre pobre de Olegario, que describe a Tiffany y a su hermana Vicky como "mujeres

---

73   Ídem

que creen que el mundo termina en Las Mercedes y comienza en Miami".[74] Esto se ejemplifica en múltiples situaciones, como cuando Tiffany la encuentra cocinando fritura –después de que Concordia mandase a Ramona, la empleada doméstica, a descansar–. Tiffany le dice "que ella lo que cena es 'brrrrrócoli' porque ella no come nada que tenga grasa, ¡asco!'" para después "rociar spray ambientador" mientras le avisa a Concordia que no permitirá que siga "ranchificando" su casa mientras impone un "régimen marginal". Entonces, decide pedir sushi delivery. Concordia, posteriormente, responde y dice –en un discurso que quizás ataca el tipo de liberación femenina de la mujer sifrina– que "no puede ser que ustedes vivan escondidas detrás del vestidito de marca, detrás del dineral y del poco de mujeres de servicio, y no se dediquen a cuidar un hogar".[75]

De igual manera, Cosita Rica exploró el contraste entre los sifrinos y los boliburgueses a través de los dos hijos del patriarca Luján: el legítimo Diego Luján (interpretado por Rafael Novoa) y el ilegítimo Olegario Pérez. Así, los contrastes entre Olegario y Diego "en cuanto a manera de ser, vestirse y comportarse dibujan un divertido retrato del nuevo rico. A los extravagantes chalecos, combinaciones y joyas de Olegario, se opone la sobriedad de Diego al vestir".[76]

Una interpretación más explícita pero flácida y errónea de la sifrinidad fue la de "las sifrinas" antagónicas de la telenovela juvenil de Venevisión (y posteriormente del canal internacional Boomerang) *Somos Tú y Yo* (2007-2008). Contrastadas a los "niños fresas" de la telenovela mexicana *Rebelde* –y su banda musical espectacularmente exitosa, RBD (2004-2006), que llenó el Maracaná y vendió millones de copias de sus discos– y su protagonista Mía Colucci Cáceres (interpretada por Anahí), sensual rubia adolescente que llora porque su padre planea llevarla a celebrar su cumpleaños en París (y que inspiró en más de una adolescente caraqueña el uso de lentejuelas en forma de estrella sobre sus rostros), las sifrinas de *Somos*

74   Ídem
75   Ídem.
76   Ídem.

Tú y Yo poco hicieron para retratar correctamente a dicha subcultura urbana, villanizada al servir de enemigas de la pareja protagónica: Víctor y Sheryl (interpretados por Víctor Drija y Sheryl Rubio). Particularmente, el retrato fue defectuoso por el uso de una jerga erróneamente llamada "sifrina" (cualquier sifrino de pura cepa consideraría "niche" aquel popurrí de frases plagiadas de Mía Colucci, vocablos de la Sifrina de Caurimare, el uso de la palabra "amigui" e inglés mal pronunciado) y un falso mandibuleo extraño que dista mucho del mandibuleo verdadero de la sifrinidad (rugoso y ronco en el siglo XXI, a diferencia del mandibuleo radial de los noventa o el mandibuleo pomposo de los ochenta).

★

El cambio social más significativo en la sociedad venezolana tras el albor de la revolución bolivariana, que desgarró primero a las clases medias y altas y posteriormente a todo sector de la sociedad, fue el fenómeno migratorio iniciado tras la victoria electoral de Chávez en 1999. Este movimiento humano, cuyos integrantes se conocen como "la diáspora bolivariana", sucedió en dos etapas definidas por la composición socioeconómica de los emigrantes pues "primero, fueron los profesionales y económicamente cómodos del país. Ahora, hasta los pobres y la clase media se están yendo mientras la caída en picada de la economía se profundiza.[77] " Por ende, la sifrinidad –como vaticinaba Valentina Izaguirre en Zoológico– fue un gran componente de la primera oleada migratoria. Para 2014, "cerca de 1.5 millones de venezolanos han abandonado el país para escapar de la Revolución Bolivariana, más del 90 por ciento de ellos portando títulos universitarios y un 40 por ciento con estudios de maestría"[78] según la investigación "La Comunidad Venezolana en el

---

77   LaFranchi, H. "Why Time Is Ripe For US To Address Venezuela's Mess". The Christian Science Monitor. (2016). Traducción por el autor.
78   Delgado, A.M. "Venezuela agobiada por la fuga masiva de cerebros". El Nuevo Herald. (2014).

Exterior. ¿Una Nueva Modalidad de Exilio?" coordinada por el sació-
logo Tomás Páez, profesor de la Universidad Central de Venezuela.
Considerada una "tendencia que no tenía precedentes en la historia republicana de la nación" y "motivada principalmente por la inseguridad personal, la inseguridad jurídica y la falta de opciones para
progresar bajo el régimen bolivariano"[79], el fenómeno migratorio desató una excesiva fuga de cerebros; convirtió al cinético suelo del
Aeropuerto Internacional Simón Bolívar (gradualmente transformado
de mares de viajeros vacacionales a emigrantes que lloran mientras
sus familias los despiden), hecho en los años setenta por el presti-
gioso artista Carlos Cruz Diez, en un símbolo melancólico de la emigración; transformó a las ciudades venezolanas en lúgubres urbes
despobladas con fiestas de despedidas, proyectos caducados y negocios cerrados y causó la descomposición masiva de –primero– el
tejido social de la sifrinidad y las clases afluentes y posteriormente
de los demás sectores sociales de Venezuela. El proceso emigratorio resultó beneficioso para países que acogieron a la fuga cerebral,
tales como Colombia que incrementó exponencialmente su producción petrolera y los Estados Unidos pues "según encuestas de Pew
Research, los venezolanos en Estados Unidos tienen más nivel edu-
cacional que el resto de la población hispana en ese país. Más de la
mitad (51%) de 25 años o mayores –comparado con 13% del resto
de los hispanos– tienen diplomas de licenciaturas[80] " mientras que
"solo 10% de los mexicanos" en Estados Unidos poseen diplomas
universitarios, a pesar de representar el "65% de los hispanos en ese
país"[81]. El proceso resultó en la creación de enclaves venezolanos en
el exterior, como el suburbio floridano de Weston (conocido por muchos como "Westonzuela") que "infundido con la riqueza y el capital

---

79   Ídem.
80   Ferrero, F. "Los venezolanos son los hispanos con mayor nivel de educación en Estados Unidos" El Estímulo. (2014).
81   Ídem.

intelectual de emigrantes de clase media alta" se ha convertido en la "profecía auto-realizada de Venezuela".[82]

El discurso revolucionario, en su belicosidad contra cualquier suerte de disidencia y su obstinación en acrecentar las divisiones sociales como instrumento político, transformó al inmigrante –en especial los de la primera oleada– en apátridas y traidores tales como cuando "Iris Varela (citada por El Nacional Web, 2018), ministra del gobierno de Maduro, dijo que todos los venezolanos que viven afuera son unos frustrados de las protestas convocadas por el líder opositor Leopoldo López en 2014, quienes, al sentirse 'apoyados por el imperio [EE.UU.], entonces dan rienda suelta a todo el veneno que sienten contra nuestra patria'"[83] o cuando la profesora de comunicación social simpatizante del gobierno, Carmen Cecilia Lara (que emigraría a Chile en 2018), dijo en 2016 en el programa televisivo "Y si lo pensamos bien" del canal del Estado (e instrumento propagandístico) VTV –y sustentándose una vez más en la retórica anti-descendientes de inmigrantes– que "si se hace un estudio de los jóvenes que se han ido entre los últimos 10 años, podríamos decir que en un 60% son de familias de origen extranjero. No es que estemos en contra de eso, pero cuál es el propósito de la inmigración en el país (...), si el propósito de la inmigración es blanquear el país. Por supuesto, imagínese usted, cómo crecen esos muchachos e hijos de extranjeros, esas personas no crecen con el amor a la patria".[84] De esta manera, se demuestra "la generalización de la diáspora para determinar al enemigo externo".[85] Así, "estas controversias alrededor de la identidad nacional del migrante venezolano del siglo XXI no sólo se han reflejado en discursos políticos y debates en medios de

---

82   Félix, M. Brochu, N. "'Westonzuela' Offers Expatriates A Safe Home Away From Home". South Florida Sun Sentinel. (2013). Traducción por el autor.

83   Maggi Wulff, D. "La dislocada identidad nacional del migrante venezolano en tres novelas". Bogotá, Pontificia Universidad Javeriana. (2018).

84   Osorio, S. "Periodista venezolana que criticaba a venezolanos que emigraban se fue a Chile". El Nuevo Herald. (2018)

85   Maggi Wulff, D. "La dislocada identidad nacional del migrante venezolano en tres novelas". Bogotá, Pontificia Universidad Javeriana. (2018).

comunicación o redes sociales, sino que igualmente ha transcendido a otros ámbitos de la sociedad de Venezuela como el artístico, incluyendo el literario".[86]

El mayor ejemplo del debate sobre los inmigrantes y su trasfondo socioeconómico recae en el documental web "Caracas, Ciudad de Despedidas" (2012) hecho por los estudiantes de comunicación social Ivana Chávez Idrogo y Javier Pita que junto a "los jóvenes entrevistados recibieron numerosas burlas y quejas por las redes sociales y los medios de comunicación". El documental web "muestra varias entrevistas que estos muchachos les hacen a sus amigos, en las cuales el tema central que abordan es el deseo y la necesidad de migrar de Venezuela por razones como la alta inseguridad de Caracas y la falta de oportunidades de bienestar para los jóvenes"[87] pero debido a la controversia mediática que lo convirtió "en el icono pop 2.0 del siglo XXI"[88] muchas personas en medios de comunicación y redes sociales "criticaron la procedencia socioeconómica de estos jóvenes (llamados despectivamente 'sifrinos' e 'hijos de papi y mami' por pertenecer a familias acomodadas), sus posturas antipatrióticas y sus inconsistencias argumentativas".[89]

La controversia y crítica a "Caracas, Ciudad de Despedidas" fue tan generalizada que Hugo Chávez llegó a burlarse en cadena nacional como parte del *primer bullying* a escala nacional"[90], contra diez jóvenes: siete en cámara y tres en producción y dirección. Chávez "lo mencionó por cadena de radio y televisión en dos ocasiones. La primera vez ocurrió el 22 de mayo de 2012, cuando anunció en tono irónico: 'Yo también me iría demasiado' haciendo alusión a una de

86   Ídem.
87   Ídem.
88   Lozada, O.M. "¿a dónde se fueron los de 'me iría demasiado'?" El Estímulo. (2015).
89   Maggi Wulff, D. "La dislocada identidad nacional del migrante venezolano en tres novelas". Bogotá, Pontificia Universidad Javeriana (2018).
90   Lozada, O.M. "¿a dónde se fueron los de 'me iría demasiado'?" El Estímulo. (2015).

las frases del video que se hizo mayor objeto de burla"[91] y posteriormente el 10 de agosto de 2012, el presidente lo refirió en un discurso
durante un desfile militar al decir: "Recuerdo un grupo de jóvenes
venezolanos de las clases altas que usaron una expresión que a uno
le duele mucho, que dijo: 'Yo me iría de este país demasiado'. ¿Cómo
te vas a ir de aquí?, si esta es tu patria, esta es tu tierra, siéntete
orgulloso de nuestra patria, de nuestra tierra, de ser venezolano, muchacho, y sobre todo de ustedes, los jóvenes"., recalcando además
la clase social de los jóvenes. De esta manera, el video le sirvió a la
revolución bolivariana para "fortalecer el nacionalismo"[92] .

El uso de "Caracas, Ciudad de Despedidas" como instrumento
para el discurso nacionalista y para desestimar a las clases medias
y altas y sus necesidades y quejas se evidencia el artículo de 2012
"Caracas, Ciudad de Despedidas: Transmitiendo miedos, fobias y segregación" de Luigino Bracci en el portal web oficialista Aporrea.com,
donde recalca que los jóvenes no son 'caraqueños típicos' por su
"estatus acomodado, piel blanca y algunos con apellidos muy poco
comunes"[93] en Venezuela. Posteriormente, a través de un discurso
xenofóbico, se les acusa de tener "esas fobias, esos miedos, esos te-
mores" por ser descendientes de extranjeros y por ende haber sido
criados con la noción de que "los nacionales eran inferiores a ellos;
maltrataban a las mujeres, les decían que este país no valía la pena"
y resultando en un "conflicto intersubjetivo de nacionalidad" que los
hace "estar perdidos en el mundo". Resulta irónico el discurso xenofóbico y denigrante, considerando que el autor es ítalo-venezola-
no. Posteriormente, los contrapone inferiormente con los venezolanos de barrios y sectores populares "con piel multicolor" pues "raras
veces se les escucha despotricar el país o amenazar con irse al exterior"[94], agregando así una carga negativa a la auto-crítica nacional

---

91   Maggi Wulff, D. "La dislocada identidad nacional del migrante venezolano
en tres novelas". Bogotá, Pontificia Universidad Javeriana (2018)

92   Ídem

93   Bracci, L. "Caracas, Ciudad de Despedidas: Transmitiendo miedos, fobias
y segregación" Aporrea. (2012).

94   Ídem.

y a la emigración por mejores oportunidades. El rol propagandístico del artículo es tal que una de las entrevistadas –debido a que dice (de manera sumamente banal) que su sueño es que Caracas fuese un juego de *Polly Pocket* del que pudiese vaciar de figuras– es comparada con las dictaduras ultraderechistas del Cono Sur y sus desapariciones de la disidencia.

El documental también fue defendido por otras figuras públicas como "la periodista y escritora venezolana Milagros Socorro (5 de mayo de 2012), quien afirmó que le 'conmovió el coraje de esos muchachos al presentarse sin máscaras', (párr. 1) y que, más allá de las carencias discursivas de los entrevistados, sus testimonios revelan situaciones dolorosas que viven los venezolanos día a día, como la delincuencia y la constante migración de familiares y amigos".[95] Igualmente, el novelista Eduardo Sánchez Rugeles "defendió a este documental, al aseverar que la 'despiadada recepción' del video 'es un elogio a la intolerancia, un ejercicio de estupidez humana que ilustra a la perfección el conjunto de nuestros más grandes complejos y carencias. De alguna forma, el discurso político triunfó: aprendimos el odio" (6 de mayo de 2012, párr. 3)". [96]

Sánchez Rugeles, además, ha explorado perseverantemente la dislocación de la clase media y alta y el deseo emigratorio de la juventud afluente bajo el chavismo en sus novelas –en especial en *Blue Label/Etiqueta Azul* (2010), *bestseller* criollo–. Esta, suerte de apología del este de Caracas en los 2000, resultó atrayente para la juventud de clase media y alta, inclusive mencionando explícitamente colegios de élite caraqueños. Aunque muchos críticos y lectores han catalogado a la protagonista de la novela –Eugenia Blanc– como una sifrina (la novela menciona a su mejor amiga, claramente, como la joven más sifrina del este de Caracas), el autor ha explicado que "trató de hablar de contextos y situaciones que me resultaban familiares, de entornos que conocía. No tengo experiencia vital de la

95   Maggi Wulff, D. "La dislocada identidad nacional del migrante venezolano en tres novelas". Bogotá, Pontificia Universidad Javeriana (2018).
96   Ídem.

riqueza, de la opulencia de las clases altas, pero tampoco tuve una experiencia directa de la pobreza extrema; por lo que mis referentes siempre estuvieron ligados a eso que, a veces de manera deportiva, llamamos clase media[97]". Así, *Blue Label/Etiqueta Azul* explora diferentes rostros de la clase media y alta, desde las doñas del Cafetal (pues muestra una "rebelión de las amas de casa" en la que "un equipo SWAT de vecinas" reconoce una disputa chavista en un centro comercial caraqueño y deciden darle un escarmiento con "rodillos, rallos, ollas, vasos de licuadora y palos de escoba" para ser empujadas por los guardaespaldas en medio de aquel "paroxismo de las arrecheras"[98]) hasta los boliburgueses (como Germán, el tío militar de uno de los protagonistas, que "proyectaba el arquetipo del nuevo rico" y vivía en una casa con "una cabeza de chivo" en la pared junto a un retrato del presidente y un home theater "marginal" para ver "VTV en Alta Definición"[99]) que le dan el nombre a la novela tras una fiesta de militares donde solo se bebe Etiqueta Azul.

La temática de la novela resultó refrescante y controversial, además de romper parámetros, pues "bajo los parámetros sociológicos de la Revolución, la clase media ha sido satanizada". Para Sánchez Rúgeles, no son pocos "los que le hayamos dado la palabra a la clase media, lo que ocurre, quizás, es que no hemos tenido suficiente visibilidad. Al no encajar en el paradigma imperante, al no caer en el tópico marxista de la lucha de clases y apostar por esencialismos sociológicos, puede que nuestro trabajo haya pasado desapercibido" por lo que para él, la novela tuvo suerte por haber aparecido "en un momento en el que la clase media necesitaba quitarse de encima algunas etiquetas".[100]

La descomposición del tejido social de las clases medias y altas venezolanas, y de la sifrinidad como un componente sub-cultural de

---

97   Frangie Mawad, T. "Una conversación con Sánchez Rugeles" Prodavinci. (2018).

98   Sanchez Rugeles, E. *Blue Label/Etiqueta Azul*. (2011).

99   Ídem.

100   Ídem.

esta, continuaría agravándose ante el albor del momento más dantesco de la historia contemporánea de Venezuela. En dudosas circunstancias y ante una sistemática censura informacional, el presidente Hugo Chávez falleció por un cáncer voraz –sin poder iniciar lo que sería su cuarto mandato– a inicios del 2013. La muerte del líder revolucionario coincidió con el colapso de los precios del petróleo que pronto demostraría que las políticas populistas de la revolución no habían resuelto las desigualdades a nivel estructural, desatando una severa crisis socioeconómica. Nicolás Maduro, heredero designado de Chávez, asumiría la presidencia y afincaría las políticas autoritarias y antidemocráticas, haciendo del país una dictadura plena y deficiente. Una tormenta de fuego y azufre, en la forma de la peor crisis humanitaria del hemisferio, se desataba en el paraíso tropical-petrolero a tres horas de vuelo de Miami.

elefantes, pandas y sifrinos

sí me iría,
me iría demasiado.

paul ruiz
caracas: ciudad de despedidas (2012)

capítulo IV
elefantes, pandas y sifrinos (2013-2019)

Nicolás Maduro asumió la presidencia, acusado de fraude mientras un esquizofrénico irrumpía su ceremonia de aplausos rojos en la Asamblea Nacional, al son del ensordecedor estruendo que hacían los precios del petróleo al colapsar a nivel mundial. Entonces, las arcas de Venezuela se encontraron vacías y, cruelmente, terminó la fiesta bolivariana. Era el albor de la peor emergencia humanitaria en la historia del hemisferio occidental.

Venezuela experimentó "el tipo de implosión que difícilmente sucede en países de ingreso medio como este fuera de una guerra. Las tasas de mortalidad están disparándose; un servicio público colapsa después del otro"[1], una hiperinflación de cinco dígitos dejó a casi noventa por ciento del país bajo la línea de pobreza, "una inmanejable ola de crimen deja a las personas encerradas dentro en las noches; los compradores deben pararse en colas por horas para comprar comida; los bebés mueren en números grandes por la falta de equipos y medicinas baratas y simples en los hospitales, al igual que los ancianos y aquellos que sufren de enfermedades crónicas" mientras que "el gobierno venezolano ya no puede proveer incluso una ley y orden rudimentarias, haciendo de Caracas, la capital, una de las ciudades con mayores homicidios en el mundo según algunos cálculos. Narcotraficantes rigen largas secciones del interior. Líderes de pandillas en las prisiones mantienen armas de estilo militar a la mano, y aunque los ataques de granadas aun salen en las noticias, no son nadas nuevos".[2]

---

1   Toro, F. Venezuela Is Falling Apart. *The Atlantic*. (2016). Traducción del autor.
2   Ídem.

Era la resaca de quince años de chavismo y su "impresionante propensión a la mala administración (el gobierno haló dinero estatal hacia inversiones tontas), destrucción institucional (a medida que Chávez y Maduro se hacían más autoritarios y quebrantaban las instituciones democráticas del país); políticas incoherentes (como controles de precios y de la moneda); y simple robo (pues la corrupción ha proliferado en oficiales que no rinden cuentas y sus amigos y familias)".[3] El delirio del petro-estado había culminado, desatando una hecatombe sobre Venezuela; ahora tumba de niños hambrientos y enfermos sin medicinas.

El desplome ciclópeo del valor del bolívar sobre el dólar, y la perdida de cualquier sentido de ahorro o poder adquisitivo con la hiperinflación resultante, desapareció a la clase media y diezmó brutalmente el poder adquisitivo de amplios sectores de la clase media alta y de la clase alta. Los sifrinos (aquellos que no emigraron) se encontraron, entonces, entre la pérdida de su estatus –pobres con grandes casas y carros– o convertidos en ultra-privilegiados, ahora rodeados de un mar boliburgués, en un país de pobreza absoluta.

Para 2018, con el torrente de imágenes de treinta mil venezolanos pobres cruzaron el puente fronterizo con Colombia para transformarse en refugiados del estilo sirio o afgano, el 13% de la población venezolana se encontraba fuera del país[4], duplicando el 7% de la población compuesta de inmigrantes que hacían vida en la Venezuela de 1980.[5] De igual forma, el 51% de los jóvenes entre dieciocho y veinticuatro años que vivían en el país deseaban emigrar[6] . La nación receptora de inmigrantes había completado la transformación a nación de emigrantes, a nido del que toman vuelo miles de refugiados hacia la amplitud de la cordillera andina.

---

3   Ídem.
4   Consultores 21. "Servicio De Análisis De Entorno (Apéndice Sobre Migración)" *Cobertura Urbano-Rural* (4to Trimestre 2017).
5   Maggi Wulff, D. "La dislocada identidad nacional del migrante venezolano en tres novelas". Bogotá, Pontificia Universidad Javeriana (2018).
6   Consultores 21. "Servicio De Análisis De Entorno (Apéndice Sobre Migración)" *Cobertura Urbano-Rural* (4to Trimestre 2017).

Aunque los venezolanos de clase baja y media baja pasaron a ser la mayoría de la diáspora de los años de Maduro, a diferencia de aquella de los años de Chávez, los ricos de Venezuela no se quedaron atrás en este proceso migratorio: esparcidos entre Miami y Madrid –con puñados en Panamá, Santo Domingo, Aruba, Bogotá y otras ciudades– las clases afluentes se llevaron sus empresas e inversiones (y a sus hijos jóvenes, ahora en su mayoría estudiando la universidad fuera del país) al exterior. Tal es el caso de Madrid, donde prolifera una enorme población de clase alta que hace vida en las universidades, se unió a la movida nocturna española, introdujo los tequeños y (para la amargura de muchos locales) disparó los precios de bienes raíces de las zonas más caras. Decía "El País" que "la mayor concentración de origen venezolano (algo más de 3.500)" en Madrid se daba en el barrio de Salamanca, "el tercero más rico de la capital", dando "una idea de ese amplio perfil de emigrantes acomodados" donde "empresarios y rentistas" encontraron en "España un plan b"[7], muchas veces facilitado por las nacionalidades europeas heredadas de sus padres y abuelos. Salamanca, "donde los pisos rondan los 6.000 euros del metro cuadrado, ha recibido el nombre de Little Venezuela" pues la clase alta venezolana se ha "instalado allí (y en la vecina zona de los Jerónimos) para huir de la inestable situación económica de Venezuela y del régimen de Nicolás Maduro".[8] Además, la pérdida del poder adquisitivo ha movido el foco universitario de las clases pudientes desde Estados Unidos hacia la más barata y accesible Europa. Como parte de esta invasión venezolana a Madrid, familias banqueras y constructoras "han llegado a comprar edificios enteros" al igual que en Miami "donde la billetera de los venezolanos es uno de los principales motores de la galopante industria inmobiliaria de la urbe estadounidense", comprando "cerca de 2.000 millones de dólares en condominios y casas en el sur de la

---

7   Aunión, J.A. "España, un plan b para los que salen con recursos" *El País*. (2018).
8   Tilla, E. "Little Caracas, el barrio de lujo que se ha instalado en el centro de Madrid" *Revista GQ* en español. (2018).

Florida" y siendo "los mejores clientes foráneos de la plaza inmobiliaria de Miami" según la Asociación de Empresarios de Bienes Raíces en Miami.[9]

Simultáneamente, aquellas pocas familias adineradas que decidieron quedarse en Caracas ante la esperanza de un cambio de gobierno, hicieron su oasis en medio de la hecatombe –"una mínima burbuja de la opulencia en la capital venezolana"[10] – propiciado por el bajo costo del nivel de vida debido a la inflación y por la facilidad económica al proveer dólares. A simples pasos de gente alimentándose de las basuras –sea en La Esquina o Lola, "restaurantes que parecen sacados del South Beach de Miami"– "venezolanos adinerados en ropa de diseñador sorban vodka tonics y muerden tempura de cangrejo y pulpo asado" mientras que en la calle se alineaban "camionetas, sus vidrios oscurecidos cerrados fuertemente. Choferes y guardaespaldas se mantienen de pie, esperando que sus empleadores salgan".[11] Simultáneamente, en el día "compradores bien vestidos acuden en tropel a la delicatesen Fresh Fish a comprar el tipo de comida que la mayoría de los venezolanos solo pueden soñar. Los estantes están llenos de caviar alemán, champaña francesa y aceite de oliva español".[12] Es la élite "que hizo su riqueza hace años y sabiamente la invirtió –en Miami o cualquier lado–. No necesariamente pasan mucho tiempo en Caracas hoy en día pero cuando lo hacen, viven muy bien" al igual que "los nuevos ricos, los llamados 'boligarcas' que se han beneficiado de sus lazos con el régimen socialista bolivariano del presidente Nicolás Maduro".[13] La revolución para los pobres ha culminado en un país donde solo los ricos –con sus ahorros en dólares y que la revolución había jurado destruir– pueden comer. Para finales de la década, el oasis de la burguesía –fuesen sus restaurantes, pues paradójicamente Caracas había experimentado

---

9   Ídem.
10   Long, G. "Venezuela's Elite Restaurants Thrive as Food Shortages Worsen." Financial Times. (2019).
11   Ídem.
12   Ídem.
13   Ídem.

un boom de emprendimiento gastronómico para *the lucky few*, o sus mercados de productos importados– se ha dolarizado. Los bolívares: tirados en la basura.

Para 2017, Venezuela se había convertido en la sociedad más desigual de América. De acuerdo con datos resultantes de ENCOVI, "el índice de Gini" que mide la desigualdad en una sociedad –siendo 0 igualdad perfecta y siendo 1 desigualdad perfecta– "sufrió un aumento considerable" en los años de Maduro[14] . De tal manera, hubo una "mayor aglutinación de hogares en los tramos de menores ingresos y una menor concentración de hogares en zonas de mayores ingresos", pasando Venezuela de 0,407 en 2014 en la escala de Gini (es decir, bajo el promedio latinoamericano en desigualdad y cercano a los niveles de igualdad del Cono Sur) a tener 0,681 en 2017: es decir, más desigual que incluso Haití, una de las naciones más desiguales del mundo[15] .

Resultante de aquella desigualdad extrema, Venezuela ha pasado a ser "un 'país dual', uno que opera en dólares (tan solo 7,7 % de la población en 2019[16]) y otro que vive en bolívares"[17]: uno minoritario, donde viven los sifrinos restantes o semi-diaspóricos junto a boliburgueses, y uno mayoritario, donde vive el resto de la población en pobreza o pobreza extrema. De esta manera, la relación Estado-sociedad –que bien podría también aplicarse a la relación rico-pobre– ha llegado a reproducir "sistemas pseudofeudales, donde la desigualdad entre las 'cúpulas' y los 'pobres' se justifica por las relaciones de protección que se desprenden a partir de políticas públicas o sistemas distributivos (cupos de consumo o subsidios de precios)" o bien incluso de la ayuda y bienestar masivo –que va mucho más allá de los salarios, proveyendo los ricos incluso de comida

14   España, L.P. Ponce, M.G. "Venezuela es el país más desigual del continente: ¿Qué pasará con la desigualdad social después del 17A?" Prodavinci. (2018).

15   Ídem.

16   Martínez, E. "Solo uno de cada 10 venezolanos recibe su sueldo en moneda extranjera" Efecto Cocuyo. (2019).

17   España, L.P. Ponce, M.G. "Venezuela es el país más desigual del continente: ¿Qué pasará con la desigualdad social después del 17A?" Prodavinci. (2018).

y vivienda a sus empleados–. Asociados a esta economía estatizada y sistema político totalitario, "los sistemas de controles y privilegios" han generado en Venezuela "estamentos sociales (no es posible definirlas como clases, porque son impenetrables), cuyos estilos de vida, acceso a bienes y placeres distan mucho de parecerse al promedio cotidiano de las mayorías, por lo general empobrecidas"[18] , transformando a Valle Arriba, La Lagunita o Altamira en verdaderas islas dolarizadas de exquisiteces culinarias y buenos tragos en un desolador océano de desnutrición, pauperismo y crecientes tasas de mortalidad; un país despedazado por lo que el escritor canadiense Douglas Coupland alguna llamó "brazilificación": "la creciente brecha entre los ricos y los pobres y la acompañante desaparición de las clases medias".[19]

Bajo Maduro, los contrastes sociales se agudizaron y amplificaron hasta en los servicios y derechos más básicos. "Los hoteles con generadores funcionales estaban al tope, sus lobbies llenos con familias venezolanas afluentes y sus sirvientes", narraba en una crónica el periodista estadounidense Jon Lee Anderson tras visitar Caracas durante el apagón general que dejó a Venezuela entera sin luz eléctrica por varios días en 2019, "En un elegante hotel favorecido por la clase alta de Caracas, vi a una mujer en ropa deportiva de diseñador entregándole al personal de recepción una paca de nítidos billetes de cien dólares, mientras lamentaba haberse visto forzada a dejar su Cavalier King Charles spaniel solo en su casa. Había ido a visitarlo, dijo, y lo encontró 'todo deprimido, *pobrecito*.' Los recepcionistas cacarearon comprensivamente".[20]

A pesar de la frivolidad de la frase "el país se derrumba y nosotros de rumba" que tanto se musitó (para algunos de manera irónica, hasta satírica, y para otros como simple hedonismo), se desataron debates y flotaron comentarios en las redes sociales y en las

---

18   Ídem.
19   Coupland, D.: *Generation X: Tales for an Accelerated Culture.* (1991). Traducción del autor.
20   Anderson, J.L. Venezuela's Two Presidents Collide. *The New Yorker.* (2019).

conversaciones de las clases afluentes sobre la moralidad o inmo-
ralidad de continuar la vida de opulencia: porque los festivales de
gaitas y las fiestas de graduación continuaron aunque los grandes
matrimonios y quinceaños con cantantes se redujeran notablemen-
te –junto al deseo de aparecer en la crónica rosa ante el aumento
de la inseguridad[21]– debido a la catástrofe venezolana. En medio de
este dilema ético, algunos de los ricos abogaron por bajar su perfil
y sus gastos ante la crisis mientras que otros se negaron a hacerlo pues no consideraban al desastre estatal como responsabilidad
suya. Ciertas personas de los estratos superiores incluso, con cierta
vena vengativa, se preguntaron por qué debían renunciar a su estilo
de vida ante la desolación que ahora golpeaba a las clases bajas, a
las cuales culpaban de haber mantenido al chavismo en el poder por
dos décadas y así de indirectamente traer la crisis y el acoso gubernamental a las élites. El país se encontraba agrio, resentido y rasga-
do por tantos años de conflicto, discursos de odio y polarización.

De todos modos, una gran parte de los venezolanos que mantuvieron sus privilegios en la crisis se movilizaron directa o indirectamente a través de las cientos de caridades y organizaciones sin fines de lucro que surgieron en medio de aquella catástrofe, ayudando
así a sobrevivir a amplios sectores de la población a través al trabajo
de caridades y ONG –en su mayoría creadas por aquellos más afortunados y en especial por la diáspora, parte de una continuación de
la activación política y social de las clases afluentes en años anteriores–. A su vez, la parte más privilegiada de la diáspora estrechó
sus lazos –fuese a través de la creación de organizaciones diaspóri-
cas como Plan País, ramas extranjeras de ONG como Sin Mordaza o
simples organizaciones estudiantiles en las universidades de Madrid,
Miami, Boston, Washington o Nueva York– y buscó servir de ayuda humanitaria para aquellos en Venezuela. "La gente viviendo sin
electricidad, sin agua, sin cuidado de la salud, sin comunicaciones
y sin esperanzas por un futuro decente no están, y por mucho, en

---

21   La revista del Caracas Country Club, por ejemplo, optó por eliminar los
nombres de quienes aparecían retratados en sus reseñas tras un sonado secuestro.

transformando a valle
arriba, la lagunita
o altamira en **verdaderas
islas dolarizadas**
de exquisiteces culinarias
y buenos tragos
en un desolador océano
de desnutrición, pauperismo
y crecientes tasas
de mortalidad.

Twitter (...) La gente luchando para sobrevivir de un salario mínimo de alrededor de un centavo por hora no hablan inglés tan bien como nosotros. La gente sufriendo brotes simultáneos de malaria, difteria, tuberculosis y sida no viven en Washington, o Miami, o Buenos Aires", escribía el periodista Francisco Toro en el blog Caracas Chronicles, "Aquellos que nos fuimos sentimos un deber especial de hablar por ellos, porque ellos no pueden".[22]

Ante el bloqueo gubernamental a cualquier tipo de ayuda y la negación oficial de una crisis humanitaria[23], la diáspora sirvió como vehículo de ayuda humanitaria en diversas áreas. Desde Houston, Texas, la organización sin fines de lucro Cuatro por Venezuela Foundation –establecida por cuatro mujeres venezolanas[24]– ha mandado más de 58000 toneladas de comida a Venezuela, más de 30000 toneladas de medicina, más de 7000 botellas de leche de fórmula y brindarle educación a casi 400 niños.[25] Mientras tanto, la organización establecida en Caracas "Beca a un pana" ha logrado financiar las carreras universitarias de más de ochenta estudiantes de alto rendimiento académico empobrecidos por la crisis gracias a las donaciones del exterior, la promoción de la organización por personalidades venezolanas en redes y la ayuda de marcas de moda venezolanas en Miami que hicieron prendas que recaudaron fondos. Igualmente, varias familias afluentes, activistas y empresas establecieron decenas de comedores gratis para alimentar niños desnutridos en los múltiples anillos de miseria que rodean Caracas y otras ciudades del país. Estos comedores igualmente se beneficiaron de cuantiosas donaciones del exterior, muchas veces recopiladas a través del ingreso de eventos organizados por diferentes asociaciones estudiantiles venezolanas en el exterior. Incluso, la campaña "Water for Venezuela"

22   Toro, F. "Dear Codepink Activist, You're Right" Caracas Chronicles (2019). Traducción del autor.
23   Tanto de delegaciones chavistas en el exterior –tales como la de Venezuela en la ONU– como de figuras gubernamentales como Nicolás Maduro y Delcy Rodríguez.
24   Gloria Mattiuzzi, Gabriela Rondón, Maria Elena Texeira y Carolina Febres.
25   Cuatro por Venezuela Foundation. (2019).

organizada por Joelle Cohen y la fundación Construyendo Futuros logró recaudar casi cincuenta mil dólares en tan solo dos meses para proveer filtros que limpiasen el agua de comunidades afectadas por el colapso nacional del sistema eléctrico y la resultante escasez de agua en marzo del 2019[26] . Para abril, más de 5200 personas habían sido beneficiadas por esta campaña. Así, cientos de organizaciones y campañas más pequeñas –sustentadas por la diáspora, por empresas privadas o por familias adineradas– proveyeron comida y medicinas, financiaron la educación de cientos y mantuvieron a flote hospitales y comedores.

Simultáneo a estos movimientos, los remantes de una sifrinidad desplomada –en gran parte arrasada por la pérdida del poder adquisitivo o descompuesto por los altos niveles migratorios– vive una vida social provinciana y empequeñecida en esta Caracas derruida de los 2010. La vida recreacional de aquellos pocos afortunados de la Venezuela de Maduro orbita en torno a un puñado de restaurantes –fuese Lola, La Esquina, Fresh Fish, Soya, El Aranjuez, El Cine o La Montanara; algunos de mucho estilo y otros de apariencias aborrecedoras– esparcidos en un eje entre las urbanizaciones del municipio Chacao y las calles de Las Mercedes. En esta sociedad de estamentos y economía excesivamente controlada, el estamento adinerado sobreviviente recurrió a crear un mercado dolarizado –de transferencias Zelle y propinas en cash– con experiencias gourmets en quintas e invernaderos, servicios "puerta a puerta" para traer comida directo de Costco en Miami y productos *healthy* como leche de almendras, chía, Splenda o Stevia para la vida *fitness* tan popularizada en el momento con su estilo Nike *sports* casual, sus subidas dominicales a Sabas Nieves y sus dietas paleo, ceto, keto o la que se popularice en el momento en la Caracas sifrina. La desaparición de la vida nocturna, que para la sifrinidad quedó reducida a Le Club (ahora en Paseo Las Mercedes, y sin rumbas domingueras. Cerraría hasta

---

26   ¿Es acaso la sifrina venezolana la más notable y coqueta de las varias juventudes afluentes del Caribe para que una represente a dicho sector en una crítica musical puertorriqueña?

nuevo aviso en 2019) y Sawu (que cerraría en 2019) y eventualmente a poco frecuentarlos (si acaso), ha llevado a la proliferación masiva de fiestas hogareñas de jardines y piscinas. Muchas de estas se caracterizaron –a medida que se agudiza la hiperinflación– por el eslogan "lleva tu cava" (algo inimaginablemente vulgar para los sifrinos de años anteriores) puesto que –ante la imposibilidad económica de muchos anfitriones jóvenes de proveer el alcohol completamente– ahora los invitados se ven obligados a llevar, dentro de cavas heladas, sus propias botellas y tragos. De igual manera, el desgaste de la vida nocturna y el encierro efectuado por la inseguridad y el conflicto social hicieron de los clubes sociales caraqueños –con sus campos de golf, sus piscinas y moriches– en verdaderos centros para la juventud, como también lo siguieron siendo los clubes playeros –en especial Camurí– y sus largas fiestas en la arena. Los centros comerciales se ha transformado en gigantescos desiertos del capitalismo: quizás a excepción del pequeño e inaccesible Altamira Village donde tenuemente hacía vida aquel crowd juvenil, sin futuro en su patria y ahora en su mayoría dominado por adolescentes ante el éxodo de los universitarios, bajo la mirada de guardaespaldas y choferes en autos blindados que recorren apresuradamente las calles rotas de aquella ciudad frenéticamente violenta que se vacía cuando el reloj marca las seis de la tarde.

La fragmentación social y el territorialismo urbano resultante de la polarización política han hecho de Caracas un espacio más pequeño y limitado; mientras que el este o los municipios opositores se han convertido en una suerte de enclave marginado en el cual las clases medias y altas han sido exiliadas por la revolución bolivariana. La sifrinidad conoce ahora a Caracas de otra manera, siendo las marchas políticas durante los años de Chávez una de las escasas posibilidades de caminar más al oeste de Plaza Venezuela hasta haber sido finalmente cercadas en las inmediaciones del CCCT en los tiempos de Maduro. Así, las audiencias han dejado de frecuentar el Teatro Teresa Carreño, ahora sede de mítines políticos y propaganda oficialista, mientras que en los sectores afluentes se populariza el Teatro

Chacao. Poca gente visita Los Caobos, los museos y Los Próceres; el aeropuerto La Carlota ya no es anfitrión de conciertos –sino de helicópteros militares y avionetas boliburguesas– y El Poliedro ha perdido hasta el Miss Venezuela. Los viajes escolares al Museo del Niño se han desvanecido junto al Caracas Pop Festival y su Valle del Pop –con *No Doubt*, Black Eyed Peas y Christina Aguilera–. El Ateneo de Caracas ha sido exiliado, tras la expulsión de su sede por parte del gobierno, del centro de la ciudad al noroeste y su Festival Internacional de Teatro, en su momento el más grande del mundo, ha mermado. El casco histórico ya no recibe turistas ni visitas masivas mientras los partidarios de la revolución, desde "la esquina caliente", acusan a gritos de oligarcas y escuálidos a todo disidente. Caracas es ahora más que nunca una ciudad de heterotopías.

Quizás, el mayor efecto generado en la población juvenil –pero enfáticamente en el sifrino, con su mentalidad fóbica e híbrida entre la modernidad occidental y el localismo periférico– por el arruinamiento general de la República, el desgaste del tejido social y el exilio ha sido la renovación de la identidad nacional; la creación de un sentido de pertenencia en torno al eje país-sociedad-república en Venezuela: el encuentro del venezolano con la venezolanidad bajo la desfiguración y la mugre, pues como denunciaba en el pasado Renny Ottolina, "por cuestiones circunstanciales, Venezuela" se había "olvidado un poco de sí misma".[27]

El auge de la auto-examinación nacional y del encuentro con lo propio parece marcar una derrota a la disforia entre venezolanidad e individuo, a la mentalidad colonial que Rafael Tomás Caldera definía como seguir pensando "como si fuéramos una colonia, es decir, un territorio de ocupación donde hay unas personas   intentando   trasladar   la   cultura   de   su   lugar   de   procedencia. Desarrollamos nuestra vida, pero como un reflejo pálido de la verdadera vida, que tiene lugar en la metrópoli, sea cual fuere en el caso la metrópoli

---

27   El Cooperante. "El último mensaje de Renny Ottolina que cobra fuerza en la Venezuela socialista". El Cooperante. (2018).

efectiva o soñada".[28] Complejo de inferioridad colectivo que parecía dominar la identidad venezolana y afectar incluso "la actividad cultural o científica" donde "nos encontramos con lo mismo. Mariano Picón Salas escribía: «Nuestra cultura superior ha sido como en todos los países sudamericanos algo extraño al medio; flotante sobre nuestra realidad, ajeno al misterio propio que se llama el país»"[29] Para Caldera, la solución estaba en "conocer la historia de nuestra comunidad para entendernos a nosotros mismos" y así vivir "la experiencia de lo valioso". Quizás, entonces, la perdida de lo valioso nos ha llevado a experimentarlo a través de la búsqueda del conocimiento propio resultante de la desorientación nacional que ha sido el encuentro con aquella monstruosidad interna y propia como sociedad que hemos enfrentado en los últimos veinte años. Es así como nos hemos conocido como nación, a autoexaminarnos, a aceptar la venezolanidad que a fin de cuentas ha producido al "sifrino" y a sus "otros".

El exilio –o la llegada a la tierra previamente ideal– ha derrocado a la metrópoli como idea que se aspira, como sueño o verdadera vida. Decía Edward Said que "no importa cuán bien les vaya, los exiliados siempre serán excéntricos que *sienten* sus diferencias (incluso aunque frecuentemente las exploten) como una suerte de orfandad".[30] Así, "aferrándose de la diferencia como un arma que se usará con voluntad endurecida, el exiliado celosamente insiste en su derecho a rehusarse a pertenecer".[31] En la diferencia infligida por la metrópoli a la que emigró desde la colonia mental, el exiliado consigue su pertenencia y experimenta lo valioso de su identidad.

De igual forma, el individuo que ha permanecido en Venezuela experimenta un exilio interno –aferrándose a la diferencia de un país que ya no existe, brutalizado por las fuerzas de la política y la

---

28   Caldera, R.T. "Mentalidad Colonial". *Nuevo Mundo y Mentalidad Colonial.* (2002).
29   Ídem.
30   Said, E. *Reflections on Exile and Other Essays.* (2002). Traducción del autor.
31   Ídem.

el encuentro del venezolano con la venezolanidad bajo la desfiguración y la mugre, pues como denunciaba en el pasado renny ottolina, **"por cuestiones circunstanciales, venezuela" se había "olvidado un poco de sí misma".** El auge de la auto-examinación nacional y del encuentro con lo propio.

economía– encontrándose en Venezuela, reusando las palabras con las que Simón Bolívar describía a la Caracas violentada por la guerra de independencia en una carta a su tío Esteban Palacios en 1825, "como un duende que viene de la otra vida" y observa "que nada es de lo que fue" porque "Caracas no existe", convertida en "cenizas" y cubierta por "la gloria del martirio".[32]

Así, la sifrinidad ha pasado a ser una suerte una población excluida de la jerarquía de poder ante "la restitución del papel del estado-nación" dirigido ahora por (una parte de) las clases subalternas –es decir, las clases históricamente excluidas del poder– tras el "el debilitamiento del neoliberalismo en la región, el fin del Consenso de Washington y la reorientación de los intereses de Estados Unidos hacia el Medio Oriente tras los ataques del 11 de septiembre de 2001"[33], privando así al sifrino y a los sectores sociales opositores del ejercicio del poder como también de represenentación y agencia: una suerte de 'neo-excluidos'.[34]

Ante esta permutación de la estructura del poder político-social, en Venezuela el 'sifrinismo' ha sido transformado en una cualidad descalificadora desde el discurso gubernamental –desde el poder; discurso que ha sido particularmente agudo en las diatribas chavistas hacia las lideresas políticas de oposición María Corina Machado y Lilian Tintori, que han ganado extensiva popularidad y prominencia política en los años de Maduro. La particularidad del uso del 'sifrinismo' como arma contra ellas se debe (además de la misoginia inherente en una sociedad sumamente machista) a que ambas mujeres provienen de trasfondos afluentes y son ex-alumnas del colegio ursulino de élite Academia Merici. En fin, porque Tintori y Machado cumplen características típicas de las sifrinas caraqueñas –quizás

32   Pino Iturrieta, E. "La famosa carta de Bolívar a su tío" Prodavinci. (2018).
33   Acosta, S.: "Posthegemonía y postsubalternidad: desencuentros del latinoamericanismo frente a la 'marea rosada'", *Cuadernos de Literatura* Vol. XX No. 39 (2016).
34   Neologismo del autor.

en el vestir, vivir y hablar o quizás por sus teces claras y las clinejas catiras de Tintori–.

El protagonismo político de Tintori fue forzado por el azar: campeona de kite-surf y posteriormente celebridad televisiva en Venezuela, contrajo nupcias con Leopoldo López –alcalde de Chacao, municipio más rico de Venezuela– en 2007. Siete años después, su esposo fue arrestado por el régimen de Maduro y llevado a la prisión de Ramo Verde, lo que obligó a Tintori a representar su causa, a manifestarse políticamente y a reunirse con políticos extranjeros como el presidente estadounidense Donald Trump y el secretario general de la OEA Luis Almagro con la intención de conseguir apoyo para lograr una transición a la democracia en Venezuela.

Casi dos años después del arresto de su esposo, Lilian Tintori se transformó en el imaginario popular en una figura arquetípicamente sifrina después de que se filtrara un video suyo dirigido a sus amigas durante la victoria opositora en las elecciones parlamentarias de diciembre del 2015. En el video, grabado desde un teléfono inteligente, se observa a Tintori en modo *selfie* –con labios pintados de fucsia, ojos maquillados, zarcillos brillantes y su pelo rubio en trenzas– diciendo, con su acento modulado, "niñitas ganamos, ganamos por mucho, ganamos bien. Y son momentos muy difíciles porque ya sabemos que ganamos pero no sabemos qué va a hacer el gobierno". El video viralizó –por un lado en celebración política y por otro en comedia– la expresión "niñitas ganamos", puesto que 'niñitas' es una voz común en la jerga de las sifrinas caraqueñas para referirse a sus amigas. Desde entonces, la figura de Lilian ha sido constantemente atacada en medios del gobierno por su 'sifrinismo'. Esto se ejemplifica en un artículo panfletista del medio oficialista "El Mazo Dando", propiedad de Diosdado Cabello, donde se decía que Lilian Tintori, "La Esposa del Monstruo de Chacao", celebró "su antesala a la navidad con sus amigas burguesas en un restaurante nada más y nada menos de Altamira".[35] Posteriormente el artículo dice que

---

35 Con el mazo dando. "¡Increíble! Mire lo que le regalaron a Lilian Tintori sus amigas sifrinas". Con el mazo dando. (2017).

su amiga, la diseñadora Lilian Ávila, publicó en su Instagram un *post* junto a ella con el mensaje "'Merici Power' alusivo al colegio Merici en el que estudia la élite femenina" mientras le regalaba un bolso rojo diseñado por Ávila con la palabra 'Revolution.' El artículo termina con un satírico "¡Imagínense que raya para la sifri de Tintori!"[36]

Quizás por lo frontal y poco eufemísticas que son sus críticas al gobierno y por su postura liberal clásica (que además, no aboga por una transición electoral) dentro de una oposición de mayoría socialdemócrata, los ataques a María Corina Machado han sido más agudos y con matices sumamente machistas y hasta panfletistas que pretenden representarla como una concentración de los peores atributos de la élite venezolana o simplemente como una fascista. Los ataques a Machado –por mujer, por blanca y por rica– provienen tanto de las filas oficialistas como aquellas de la oposición. Esto se ejemplifica en las críticas en Twitter del controvertido periodista opositor Rafael Poleo que calificó de "torpes" a quienes pretenden elogiarla por ser una "aristócrata bien criada: inglés, francés, equitación, desenfado verbal y sobria elegancia al vestir" y "les faltó decir que huele bien".[37] A esto, la periodista María Sol Pérez Schael respondió en Twitter al decir "Por qué ser bien criado y provenir de familia pudiente sería un defecto?. Acaso hay que ser pobre y mal criado para merecer su respeto?".[38] De igual forma, el diario dominicano La Información decía que "la diputada habla francés, inglés y español y por eso la oposición la llama sifrina".[39] A estas acusaciones de "quienes tratan de apartarla" y dicen que es "la dirigente *sifrina*, rica, mujer", Machado en entrevista para el medio digital Panam Post dijo "A mí jamás, en un barrio de Venezuela, alguien me ha dicho *sifrina*".[40]

---

36   Ídem.

37   El Nacional Web. "Rafael Poleo: Las características de MCM son de 'aristócrata bien vestida'" El Nacional. (2016).

38   Ídem.

39   La Información. "María Corina Machado es el nuevo objetivo de Nicolás Maduro" La Información. (2014).

40   Avendaño, O. "María Corina Machado: la primera prioridad es sacar a Maduro" Panam Post (2018).

Los ataques a Machado –no por sus propuestas o desempeño, sino simplemente por su proveniencia de una familia afluente– han sido aún más agudos desde el chavismo. El blog chavista "Blog de Eligio Damas" la acusó de "esclavista de antaño, hija de aquellas 'Águilas Chulas'"[41] debido a que Machado proviene de una adinerada familia de abolengo cuyos orígenes se remontan al mantuanaje. Similarmente, el portal panfletista *Venezuelan Analysis* la calificó infundadamente de "extremista derechista" que promueve "mentiras anti-gobierno, racismo y violencia"[42] mientras la ministra chavista Iris Valera la tildó de "sifrina mitómana".[43] En fin, estos sectores políticos han tratado de mostrar a Machado como una extremista de derecha, e incluso una racista, que solo busca recuperar privilegios aristocráticos. Aun así, para finales de 2018 y antes del auge de Juan Guaidó, las encuestas señalaban a María Corina Machado como el líder político venezolano más popular en la población tras el desplome de la coalición opositora después del fracaso de las sangrientas protestas del 2017 y las posteriores elecciones fraudulentas organizadas por la dictadura de Maduro.[44]

El planteamiento de la disidencia como afluente, racista y extremista caló especialmente en los simpatizantes anglosajones del régimen, unificados en *Hands Off Venezuela*, "grupo de *lobby* anglo-americano con sede en Reino Unido que alega defender la soberanía y el principio de autodeterminación de los venezolanos ante amenazas imperialista".[45] El grupo, notorio tanto por su falta de venezolanos como por su rechazo venezolano en redes sociales y protestas, se manifiesta "a través de diversas conferencias y protestas en Europa

---

41   Damas, E. "A María Corina, en Barlovento, el taquitaqui, sonó racista y pitiyanqui" El Blog de Eligio Damas. (2015).
42   Eisen, A. "Racism Sin Vergüenza in the Venezuelan Counter-Revolution." Venezuelan Analysis. (2014)
43   El Diario de Caracas. "Iris Valera a María Corina: 'Esa sifrina es una mitómana'" El Diario de Caracas. (2013).
44   Trujillo, C. "María Corina Machado, la opositora más popular" Diario Las Américas. (2018).
45   Frangie Mawad, T. "Hands Off Venezuela y Code Pink: ¿Del Buen Salvaje al Buen Revolucionario?" Prodavinci. (2019).

y Norteamérica"[46]   tales como ocupar la embajada venezolana en
Washington tras la expulsión de los diplomáticos de Maduro y prohi-
birles la entrada a los venezolanos de la ciudad.

A través de una metanarrativa ilusoria, *Hands Off Venezuela* "ha
catalogado a sus oponentes venezolanos en redes, especialmente
los de la diáspora, como 'blancos' y 'privilegiados' sin distinciones.
Un ejemplo de esto ocurrió en Twitter cuando una usuaria americana
descalificó a la comediante venezolana Joanna Haussman Jatar, de
origen judío-libanés, como 'una persona rubia y de ojos azules llamada algo así como Sabine Mengele-Eichmann', atribuyéndole dos
connotados apellidos de nazis".[47] De igual manera, se buscó plan-
tear a la oposición a Maduro –que para 2019 es la gran mayoría del
país[48]– de ser un movimiento oligárquico que busca querer recuperar
privilegios y grandes plantaciones; una visión de Latinoamérica ridículamente estereotípica.

Así, por medio de la conceptualización falsa del conflicto venezolano como una guerra racial y buscando desestimar a la diáspora en
Norteamérica y España por su afluencia (y simplemente obviando
a la diáspora más pobre, la mayoritaria, en Latinoamérica), el movimiento recurrió a una estrategia "usada por dictadores africanos en
el pasado, como el ugandés Idi Amin Dada, quien justificó su régimen
al decir que representaba la lucha del África colonizado contra los
colonizadores blancos. De igual forma, Robert Mugabe, a pesar de
tener un grotesco historial de corrupción, achacaba los males de
Zimbabue en su pasado *apartheid* y acusaba a sus oponentes (blancos y negros) de querer continuar este sistema".[49]

Dicha situación, anidada en la disforia del exilio y la dislocación
entre identidad y locación, ha llevado a un auto-cuestionamiento de
la identidad en los venezolanos diaspóricos –en especial de aquellos
en el Norte, más privilegiados–. El sentimiento ha sido ferozmente

---

46   Ídem.
47   Ídem.
48   Ídem.
49   Ídem.

plasmado en las redes sociales, en especial tras la aparición de *Hands Off Venezuela* y las diferentes organizaciones que apoyan al movimiento, tales como cuando en Twitter "la usuaria venezolana María Solías describía su frustración: 'Muy blanca, muy inteligente, muy bilingüe para ser latina para los gringos así que debo ser privilegiada, debo estar mintiendo y no merezco buen trato. Y 'muy inmigrante venezolano para el resto del continente que me ve con lástima, tristeza o asco'".[50]

En este contexto, el Estado bolivariano se ha encargado de promover segregaciones no institucionalizadas en Caracas y de alentar posiciones territorialistas a través de guerrillas urbanas y grupos paramilitares. De tal manera, se ha impuesto la polarización socio-política en la población –parte del discurso divisivo de la revolución bolivariana–. A través de esta, y promovido por medios propagandísticos en el exterior como Telesur y Venezuelan Analysis y medios oficialistas en Venezuela como Aporrea y VTV, se ha creado un enemigo ficticio –la sifrinidad 'fascista', 'racista' y 'oligarca'– que cumple el papel goebbeliano de un enemigo interno al cual adjudicarle los errores propios, negando toda responsabilidad ante la población y distrayéndola del origen del hecho. De tal forma, bajo la fachada de un discurso reivindicatorio para el subalterno históricamente marginado, se suscita el acoso y segregación (territorialista urbana pero también estatal-corporativa) a grupos socioeconómicos que sirven de chivo expiatorio propagandístico.

Quizás, la mejor representación de la fragmentación social promovida por el chavismo viene de la pluma del fotógrafo Roberto Mata, quien en su columna en el medio virtual Prodavinci, escribió –con foto incluida– la anécdota real sobre como "María Gabriela decidió cruzar la plaza Diego Ibarra" en el centro de Caracas y "No lo logró".[51] La joven, rubia y de ojos claros, llevaba cuatro años yendo al Ministerio Público en metro debido a su trabajo aunque "antes de

---

50   Ídem.
51   Mata, R. "'¡No mereces estar aquí!', me dijeron...'; María Gabriela" Prodavinci. (2014).

así –en esta década
sin ozono y con islas
de plástico en los océanos;
de despertar ecológico
millenial– **los sifrinos**
se han incorporado (junto
a pandas, elefantes
y toninas) a las filas
de especies en vías
de extinción, propensos
a desaparecer hacia
el huracán del olvido.

ser estudiante de Derecho, no había puesto un pie en la zona, le tenía miedo".[52] Un día, tratando de cruzar la plaza Diego Ibarra, "Veinte hombres la rodearon sin amabilidad y con disciplina. La humillación verbal fue un patrón cumplido a cabalidad. Empujones. Sensación de muñeco, de juguete, de ser el payaso del circo"[53] mientras le gritaban "¡Eres una sifrina de mierda!" Siendo agredida, "los genes del abuelo alemán que llega huyendo de la Segunda Guerra Mundial" sirvieron como "clave para el prejuicio" pues "sus ojos verdes no entienden al pueblo ni al barrio, le aseguraron". Ante tal situación, María Gabriela respondió "¡Soy tan venezolana como tú y el centro de Caracas nos pertenece a todos!" pero los hombres respondían "¡No, tú no perteneces! ¡Vete, que no mereces estar aquí!" La indiferencia, y hasta promoción, del Estado se plasmó a través de la Guardia Nacional que "observó todo desde el otro lado de la calle. Sólo contempló. No actuó. María Gabriela, por su parte, sintió que ese día perdió el centro de Caracas".[54] Similarmente, en la sección de comentarios de la crónica, muchos usuarios reportaron experiencias similares. La usuaria 'Maigua' reportaba que emigró de Venezuela catorce años antes tras ser "rodeado y empujada en el centro de Caracas. Insultada y vejada. Me gritaban blanca oligarca".[55] Similarmente, la usuaria María Carnicero reportó que siendo hija de inmigrantes españoles, tiene "los ojos y el cabello negros y la piel blanca de rana platanera" y debido a eso "con esta revolución he recibido insultos que nunca había recibido antes, el último fue en la puerta de mi casa cuando un hombre a quien no conozco me llamó oligarca y extranjera".[56]

Así, la sifrinidad se encuentra ahora viviendo una "desgracia" significativamente similar a la que experimentaron "los linajes mantuanos" tras la Guerra de Independencia; desgracia que significó "la desaparición de una clase social poseedora de los recursos materiales de

---

52　　Ídem.
53　　Ídem.
54　　Ídem.
55　　Ídem. Sección de comentarios.
56　　Ídem. Sección de comentarios.

mayor valor, relacionada con la cultura tradicional y con el pensamiento moderno, (...) vinculada con el exterior y motivo de los episo-
dios que terminan en el ensayo republicano".[57]

Así –en esta década sin ozono y con islas de plástico en los océanos; de despertar ecológico *millenial*– los sifrinos se han incorporado
(junto a pandas, elefantes y toninas) a las filas de especies en vías de
extinción, propensos a desaparecer hacia el huracán del olvido junto
a los sapitos arlequines de los Andes y los corronchos endémicos
del Lago de Valencia.

---

57   Pino Iturrieta, E. "La famosa carta de Bolívar a su tío" Prodavinci. (2018).

el sifrino del futuro

*ha sido la clase dirigente
la que ha inventado, como
no ocurre en ninguna
parte -incluidas las zonas
desarrolladas del mundo-,
el mito del "dos mil y algo".
sólo en caracas el periódico
más importante del país
festeja su aniversario
dedicándolo al "dos mil
cuatro": sólo aquí se lanza
un periódico con el nombre
"dos mil uno".*

marta traba
"finale: allegro con fuoco. cinéticos y experimentadores"
mirar en caracas (1974)

capítulo V
el sifrino del futuro

La sifrinidad yace despedazada por las fauces de su desgracia. Fragmentada. Desconectada; transformada en archipiélago –mordida en los talones por la orfandad de patria y la quiebra del exilio–. Como barista del Folies Bergère, su mirada hueca y melancólica se desenfoca –nostálgica– ante la neblina de un espejo opaco que no refleja correctamente. "Caracas es pasado. Nos recuerda momentos. (...) Esta ciudad se volvió una postal. Caracas ha muerto"[1], afirmaba Alonso Moleiro con clamor fúnebre, y con ella –con la destrucción de esta Babilonia tropical de mil jabillos y mil colinas con mariposas amarillas– la sifrinidad parece haberse derramado, presa de trampas de osos que han dejado sus huesos ensangrentados al aire.

De la desgracia sifrina queda el cuestionamiento interno. Queda la introspección; la examinación de comportamientos y fallas ligadas a sistemas socio-económicos y a estructuras desiguales para poder entablarse un diálogo sano y reconciliatorio como nación. Así, en la contemporaneidad, el reto de la sifrinidad queda en poder desarrollar sensatamente una conciencia social que sea responsable y que asuma y supere los prejuicios, llevando a la reconstrucción de una identidad nacional que ha sido desmenuzada por el conflicto sociopolítico, la autocracia y la corrupción. En esta introspección recae la clave: porque todo privilegio conlleva deberes, por mucho que quede en duda la existencia del *Sifrino del Futuro* y sus múltiples panoramas.

Quizás, ante la hecatombe, eclosione cierta especie bolisifrina en reemplazo sistemático del sifrino: una élite venezolana de Rolex con

---

1   Moleiro, A. "Caracas ha muerto" Cesar Miguel Rondón. (2019).

la sifrinidad yace despedazada por las fauces de su desgracia. fragmentada. desconectada; transformada en archipiélago – mordida en los talones por la orfandad de patria y la quiebra del exilio–.

diamantes que ya no va a Miami o a Aruba pero que celebra en yates en Morrocoy con mujeres de pechos redondos y tacones Loubotin; una élite sin visa, con cuentas congeladas y escondidas fortunas en Panamá y Suiza. O quizás, el sifrino se pierde en las mareas de Miami y de Madrid primero como subcultura propia –aferrada a su identidad de aquel *Ancien Régime* venezolano fallecido y saltando en sus bares y cafés afluentes donde en reprimida añoranza hacen vidas los *émigré* nostálgicos– y luego, ante el nacimiento de una nueva generación, mezclados y diluidos entre los locales, des-venezolanizados. Extintos, como en su momento sucedió con la Cuba afluente.

O quizás la especie no se extinga; quizás, los aires de la democracia liberal presionarán contra la fortaleza negra que es hoy el país y se desplomarán sus rejas, alambres y luces de vigilancia. Habrán préstamos del FMI y mamotretos corporativos privatizados ante la crítica de la izquierda mundial, habrá Uber y mil novelas sobre la hecatombe, los salarios se estabilizarán, el transporte público lucirá nuevos vehículos con arcoíris, reabrirán boutiques, las universidades harán convenios con NYU y Northeastern, Lufthansa y American Airlines aterrizarán en una Maiquetía en proceso de renovación, el Museo de Arte Contemporáneo volverá a llamarse Sofía Imber, programas educativos y de infraestructura se establecerán en los barrios, la prensa volverá a gritar y The Economist aclamará frenéticamente 'el milagro económico venezolano.' Entonces, y solo entonces, volverá en masas esa subcultura exiliada: con ideas extranjeras, con sueños innovadores o emprendedores o tecnológicos, con modas raras –del *streetwear* o de gusto europeo– y con jergas nuevas robadas de sus amigos mexicanos y colombianos en universidades de Boston o en las calles de Miami. O quizás, incluso, llegue un cohorte nuevo, hijo de los emigrados y regresados –criado o nacido en el exterior, mitad venezolano, mitad extranjero– con palabras nuevas y raras que probablemente choque (como ya pasa con la *influencer* venezolana-estadounidense Lele Pons, al vestirse de bandera venezolana) con quienes jamás se fueron.

Y así, existan en un país próspero hasta el siglo XXII –con tigres modificados genéticamente como mascotas y con nombres cursis,

jardines tropicales regados por inteligencia artificial en quintas bucó-
licas, carteras con estampados holográficos móviles y viajes de lujo
al espacio y a la cara oscura de la luna–. O quizás, adentrándose en
aquellos siglos del porvenir, los arrase la debacle que acaecería en
una Venezuela víctima una vez más de su economía mono-productora:
cuando el *go green* capitalista haga al petróleo inservible o simplemente cuando se sequen las reservas bajo Monagas y el Zulia y eclosione un panorama más devastador que Biafra y lleguen los cascos
azules y se reparta sopa en cada esquina.

Quizás, a este continente de tribalismo, de simbiosis, de castas y
de realidades mestizas y extrañas –de calipso anglo-africano en el
Callao, de cachitos italianos y portugueses en Caracas, de joropo
andaluz-arábigo y negro en los Llanos, de hallacas, de la hallaca por
si sola– le devenga la tragedia o quizás le devenga la fortuna. Sea
cual sea el resultante destino misterioso, el sifrino irá de su mano:
porque es un producto latinoamericano, porque es esencialmente
latinoamericano –híbrido, collage, de allá y de acá, en parte moderno
y en parte periférico, tropical, americano– y así legítimo a su manera:
a pesar de los ataques identidarios, a pesar de la demonización revolucionaria, a pesar de su tragedia; parte de una abstracción mayor:
la *venezolanidad*, cuyo "corazón mismo"[2] es el mestizaje; nacida en
el Zulia en tiempos primordiales y cuasi-mitológicos donde se inte-
graron elementos arawacos, ibéricos y africanos[3].

Así, "temerle a la cultura bastarda", o demonizarla o deslegitimi-
zarla o declararla anti-nacional, "es negar nuestro propio mestizaje"[4]
porque "Latinoamérica es el teatro Colón de Buenos Aires y Machu
Picchu, Siempre en Domingo y Magneto, Soda Stereo y Verónica
Castro, Lucho Gatica, Gardel y Cantinflas, el Festival de Viña y el
Festival de Cine de La Habana, es Puig y Cortázar, Onetti y Corín

---

2   Alarico Gómez, C. "El nombre de Venezuela y la venezolanidad". *Consciencia y Diálogo.* Año 2, No. 12. (2011).

3   Ídem.

4   Fuguet, A., Gomez. S. *McOndo.* Barcelona, (1996).

sea cual sea el resultante
destino misterioso, el sifrino
irá de su mano: porque
es un producto
latinoamericano, porque
**es esencialmente
latinoamericano** –híbrido,
collage, de allá y de acá,
en parte moderno
y en parte periférico,
tropical, americano.

Tellado, la revista *Vuelta* y los tabloides sensacionalistas"[5] y Maite Delgado, las telenovelas de Leonardo Padrón, el Miss Venezuela, Todo en Domingo, Sociales de El Universal, la difunta Revista Exceso, Teodoro Petkoff, Diosa Canales invadiendo el Perú, los autobuses con dedicaciones a santos en letras góticas y multicolores, Sofía Imber, el arcoíris del Metrobús, el ciervo de Inparques, la pared del Guaire de Carlos Cruz Diez, los edificios de Beckhoff, Shakira en una pauta de Pepsi, la changa tuki, Aldemaro Romero, *Dinner in Caracas* y la voz de César Miguel Rondón como también Venezuela es la sifrinidad y sus festivales de gaitas, sus "nefasto", "tétrico", "*bro*" y "literal", sus perfiles de Instagram con VSCO, su Fresh Fish Market, sus voces roncas, sus pelos alisados, sus faldas de *bluejean*, sus crucecitas de oro en el cuello, su actitud aburguesada hacia la vida y su rechazo acérrimo hacia la palabra "cabello". Esta es la sifrinidad.

---

5   Ídem.

bibliografía

Acosta-Alzuru, Carolina: *Venezuela es una telenovela*. Caracas, Editorial Alfa, (2007).

Aguerrevere, Toto: *Cuentos de sobremesa*. Caracas, (2010).

Albornoz, Orlando: *La formación de los recursos humanos en el área de la educación*. Caracas, Monte Ávila Editores, (1979).

Bourdieu, Pierre: *La Distinción,* Barcelona, Taurus, (1979; 1988).

Brillembourg, Carlos: "Concrete Modernity in Venezuela", parte de *"Beyond the Supersquare: Art and Architecture In Latin America after Modernism".* (2011).

Caldera, Rafael Tomás: *Nuevo Mundo y mentalidad colonial.* Caracas, El Centauro Ediciones. (2000).

Coupland, D.: *Generation X: Tales For An Accelerated Culture.* Nueva York, St. Martin's Press. (1991). Traducción del autor.

De Lisboa, Miguel María de: *Relación de un viaje a Venezuela, Nueva Granada y Ecuador,* Caracas, Fundación de Promoción Cultural de Venezuela (1853; 1986).

Ferguson, Niall: *"Civilization: The West and the Rest"*, Nueva York, Pinguin Books (2011). (Traducción del autor).

Fuguet, Alberto, Gomez. Sergio: *McOndo,* Barcelona, Mondadori, (1996).

Fundación John Boulton: *Política y economía en Venezuela* (1810-1976), Caracas, Fundación John Boulton, (1976).

Galeano, Eduardo: *Nosotros decimos No: Crónicas.* Madrid, Siglo XXI (1989).

Guerra Villaboy, Sergio: *Breve historia de América Latina.* Panamá, Ruth Casa Editorial, (2014).

In Kang, Jung: *Western-Centrism and Contemporary Korean Political Thought.* Lanham, Lexington Books (2015). (Traducción del autor).

Jaimes Quero, Humberto: *Mejorando la raza.* Caracas, Gráficas Lauki. C.A. (2012).

Liévano Aguirre, Indalecio: *Los grandes conflictos sociales y económicos de nuestra historia*, Tomo II, Bogotá, Intermedio Editores (1960).

Maffesoli, Michel: *El tiempo de las tribus: el ocaso del individualismo en las sociedades posmodernas.* Madrid, Siglo XXI Editores, (2004).

Maggi Wulff, D.: *La dislocada identidad nacional del migrante venezolano en tres novelas.* Bogotá, Pontificia Universidad Javeriana, (2018).

Moreno, A.: "Superar la exclusión, conquistar la equidad: reformas, políticas y capacidades en el ámbito social", parte de "*La colonialidad del saber*". Buenos Aires: CLACSO, (2009).

Ndlovu-Gatsheni, Sabelo J.: *Empire, Global Coloniality and African Subjectivity.* Nueva York y Oxford, Berghahn Books, (2013). (Traducción del autor).

148

Rodriguez, Francisco; Haussman, Ricardo: *Venezuela before Chávez: Anatomy of an Economic Collapse*, Pennsylvania, Pennsylvania State University, (2014).

Said, E. *Reflections on Exile and Other Essays*. Cambridge, Harvard University Press. (2002). Traducción del autor.

Sánchez Rugeles, Eduardo: *Blue Label/Etiqueta azul*. Nueva York, Sudaquia (2010; 2013).

Seseña, Natacha: *Goya y las mujeres*. Madrid, Taurus. (2004).

Straka, Tomás: *La República Fragmentada*, Caracas, Editorial Punto Cero, (2015).

Thornton, Sarah: *Club cultures: Music, Media and Subcultural Capital*, Middletown, Wesleyan University Press, (1996).

Von Humboldt, Alexander: *Viaje a las regiones equinocciales del nuevo continente*, Tomo 4, Caracas: Ediciones del Ministerio de Educación, Dirección Cultural y Bellas Artes (1807; 1956).

revistas

Acosta, S. "Posthegemonía y postsubalternidad: desencuentros del latinoamericanismo frente a la marea rosada". *Cuadernos de Literatura* Vol. XX, No. 39, (2016) páginas 28-40. Bogotá.

Alarico Gómez, C. "El nombre de Venezuela y la venezolanidad". *Consciencia y Diálogo*. Año 2, No. 12. (2011), páginas 111-114. Impreso en Mérida.

Ávila, J.L. "Confesiones de una disco." *Revista Exceso*. N. 199 (2006), páginas 50-63. Impreso en Caracas.

Britto García, Luis: "Retrato de la pava sifrina", *El Sádico Ilustrado* N. 8 (1978), páginas 18-19. Impreso en Caracas.

Caraballo Correa, P.A: "Caracas heterotópica. Espacios identitarios y fronteras simbólicas" *Revista Mexicana de Sociología*, N. 81, núm. 1 (2019), páginas 37-61. Impreso en Ciudad de México.

Caridad Montero, C. "Caracas. La Noche Insiste". *Revista Exceso*, N. 135 (2000), páginas 24-31. Impreso en Caracas.

Consultores 21. "Servicio De Análisis De Entorno (Apéndice Sobre Migración)" *Cobertura Urbano-Rural* (2017), página 10. Impreso en Caracas.

Fihman, B.A. "Caracas by night". *Revista Exceso*. N.135 (2000), página 1. Impreso en Caracas.

Fihman, B.A. "El café de la posmodernidad". *Revista Exceso*. N.2 (1989), página 1. Impreso en Caracas.

Fihman, B.A. "Exceso de verdad". *Revista Exceso*, N.115 (1999), página 1. Impreso en Caracas.

Fihman, B.A. "Zorros y cachorros". *Revista Exceso*. N.71 (1995), página 1. Impreso en Caracas.

Flores, C. "Secuestro Express. Miserable como Venezuela". *Revista Exceso*. N. 190 (2005), páginas 46-54. Impreso en Caracas.

Freedom House: *Freedom in the World* 1997-1998. (1998) Traducción del autor.

Gacitua, A. "La crónica crítica como diagnóstico televisivo." *Revista Comunicación*. N. 47 (1984). Centro Gumilla, páginas 74-83. Impreso en Caracas.

Goldberg, J. "Concreto Amado." *Revista Exceso*. N. 99 (1997), páginas 54-61. Impreso en Caracas.

Herrera, E. "La sifrina de Caurimare: El nostálgico retorno de Laura Pérez". *Revista Comunicación*. N. 82 (1993). Centro Gumilla, páginas 36-37. Impreso en Caracas.

Kinsbruner, A.: "El argot de los jóvenes" Séptimo Día, *El Nacional*. (1979).

Martínez Tirado, N. "Incidencias Del Proceso De Urbanización En Venezuela". *Revista Geográfica*. No. 102 (1985), páginas 101-102. Impreso en Ciudad de México.

Grove, N. "Venezuela's Crisis of Wealth", *National Geographic Magazine*. (1976), páginas 175-208. Impresa en Washington D.C.

Pérez Schael, M.S. "Posmo hasta en la sopa". *Revista Exceso*. N. 2 (1989), páginas 30-43. Impreso en Caracas.

Scharfenberg, E. "Miami. Borrón y Cuenta Nueva." *Revista Exceso*. N. 9 (1989), páginas 26-39. Impreso en Caracas.

Socorro, M. "La Bolsa de las Vanidades", *Revista Exceso*. N. 104 (1998), páginas 34-41. Impreso en Caracas.

Tofano, C. "Se Venden Mentiras Rosas", *Revista Exceso*. N. 70 (1994), páginas 44-51. Impreso en Caracas.

referencias de la web

Acosta, V., (2007, julio 2). *Racismo, clase media e inmigración europea* (I). [Artículo]. Disponible en: https://www.aporrea.org/medios/a37632.html

Algueida, N. (2015). *4F: Un instante, una frase, un símbolo, una persona.* YVKE Radio Mundial. [Artículo]. Disponible en: http://www.radiomundial.com.ve/article/4f-un-instante-una-frase-un-s%C3%ADmbolo-una-persona

Anderson, J.L., (2019, junio 3). *Venezuela's Two Presidents Collide.* [Artículo]. Disponible en: https://www.newyorker.com/magazine/2019/06/10/venezuelas-two-presidents-collide

Avendaño, O., (2018, septiembre 5). *María Corina Machado: la primera prioridad es sacar a Maduro.* [Artículo]. Disponible en: https://es.panampost.com/orlando-avendano/2018/07/08/maria-corina-machado-la-primera-prioridad-es-sacar-a-maduro/

Aunión, J.A., (2018, agosto 28). *España, un plan b para los que salen con recursos.* [Artículo]. Disponible en: https://elpais.com/internacional/2018/08/26/actualidad/1535304665_896102.html

Bracci, L., (2012, mayo 6). *Caracas, ciudad de despedidas: Transmitiendo miedos, fobias y segregación.* [Artículo]. Disponible en: https://www.aporrea.org/actualidad/n204533.html

Britto García, L., (2007, mayo 23). *Por qué se insulta a los venezolanos.* [Artículo]. Disponible en: https://www.aporrea.org/actualidad/a37085.html

Celedón Mendoza, A., (2015, mayo 5). *Toto Aguerrevere: Soy hombre de una sola bebida* (2013). [Artículo]. Disponible en: https://lacalledelembudo.wordpress.com/tag/toto-aguerrevere/

Cuatro por Venezuela Foundation, (2019, mayo 24). Disponible en: https://www.cuatroporvenezuela.org/

Damas, E., (2015, noviembre 12). *A María Corina, en Barlovento, el taquitaqui, sonó racista y pitiyanqui.* [Artículo]. Disponible en: http://deeligiodamas.blogspot.com/2015/11/maria-corina-en-barlovento-el.html

Delgado, A.M., (2014, agosto 26). *Venezuela agobiada por la fuga masiva de cerebros.* [Artículo]. Disponible en: https://www.elnuevoherald.com/noticias/mundo/america-latina/venezuela-es/article2039010.html

Duque, J.R., (2006, diciembre 26). *El discurso del Oeste (apuntes iniciales).* [Artículo]. Disponible en: https://discursodeloeste.blogspot.com/2006/12/el-discurso-del-oeste-apuntes-iniciales.html

Duque, J.R., (2009, noviembre 24) *La patria, la invasión gringa y la guerra con Colombia.* [Artículo] Disponible en: https://discursodeloeste.blogspot.com/2009/11/la-patria-la-invasion-gringa-y-la.html

Eisen, A., (2014, mayo 27). *Racism Sin Vergüenza In The Venezuelan Counter-Revolution.* [Artículo]. Disponible en: https://venezuelanalysis.com/analysis/10547

España, L.P. Ponce, M.G., (2018, agosto 22). *Venezuela es el país más desigual del continente: ¿Qué pasará con la desigualdad social después del 17A?* [Artículo]. Disponible en: https://prodavinci.com/

venezuela-es-el-pais-mas-desigual-del-continente-que-pasara-con-la-desigualdad-social-despues-del-17a/

Félix, M. Brochu, N., (2013, marzo 19). *'Westonzuela' Offers Expatriates A Safe Home Away From Home.* [Artículo]. (Traducción del autor). Disponible en: https://www.sun-sentinel.com/news/fl-venezuelan-population-in-weston-20130317-story.html

Ferrero, F., (2014, noviembre 19). *Los venezolanos son los hispanos con mayor nivel de educación en Estados Unidos.* [Artículo]. Disponible en: https://elestimulo.com/los-venezolanos-son-los-hispanos-con-mayor-nivel-de-educacion-en-estados-unidos-2/

Frangie Mawad, T., (2018, junio 6). *Una conversación con Sánchez Rugeles.* [Artículo]. Disponible en: https://postdata.prodavinci.com/una-conversacion-con-sanchez-rugeles/

Frangie Mawad, T., (2019, junio 12). *Hands Off Venezuela y Code Pink: ¿Del Buen Salvaje al Buen Revolucionario?* [Artículo]. Disponible en: https://prodavinci.com/hands-off-venezuela-y-code-pink-del-buen-salvaje-al-buen-revolucionario/

González Casas, L., Marín Castañeda, O., Vicente Garrido, H. y Villota Peña, Jorge, (2017, julio 25). *Arquitecturas Itinerantes En CCS: Entre Los Estados Unidos y Venezuela.* [Artículo] Disponible en: http://historico.prodavinci.com/blogs/arquitecturas-itinerantes-en-ccs-entre-los-estados-unidos-y-venezuela/

LaFranchi, H., (2016, noviembre 2). *Why Time Is Ripe For US To Address Venezuela's Mess.* [Artículo]. (Traducción del autor). Disponible en: https://www.csmonitor.com/USA/Foreign-Policy/2016/1102/Why-time-is-ripe-for-US-to-address-Venezuela-s-mess

Loaiza, L., (2017, agosto 7). *La aniquilación de la clase media venezolana*. [Artículo]. Disponible en: http://lachachara.org/2017/08/la-aniquilacion-de-la-clase-media-venezolana/

Long, G., (2019, febrero 22). *Venezuela's Elite Restaurants Thrive As Food Shortages Worsen*. [Artículo]. Disponible en: https://www.ft.com/content/d107562c-35d9-11e9-bb0c-42459962a812

López-Contreras, E., (2016, octubre 14). *Así surgieron las discotecas en la escena nocturna de ambos lados del Atlántico*. [Artículo]. Disponible en: https://www.diariolasamericas.com/cultura/asi-surgieron-las-discotecas-la-escena-nocturna-ambos-lados-del-atlantico-n4105369

Lozada, O.M., (2015, agosto 31). *¿A dónde se fueron los de 'me iría demasiado'?* [Artículo]. Disponible en: https://elestimulo.com/climax/a-donde-se-fueron-los-chamos-de-me-iria-demasiado/

Luis, N., (2019, noviembre 8). *Paninari, el retorno de la estética de una tribu 'pija'; obsesionada por las marcas de moda*. Disponible en: https://www.vogue.es/moda/articulos/historia-paninari-influencia-tribu-urbana-marcas-moda-armani-moncler

Malavé Gómez, L., (2015, diciembre 19). *Soy tu doña de El Cafetal*. [Artículo]. Disponible en: https://venezolanaentransito.wordpress.com/2015/12/19/soy-tu-dona-de-el-cafetal/

Marcano, M. (2009). *Los estudiantes sifrinos y el fascismo atacan de nuevo*. [Artículo]. Aporrea. Disponible en: https://www.aporrea.org/oposicion/a44092.html

Martínez, E., (2019, junio 12). *Solo uno de cada 10 venezolanos recibe su sueldo en moneda extranjera*. [Artículo]. Disponible en: https://efectococuyo.com/economia/salario-moneda-extranjera/

Mata, R. (2014, febrero 21). *¡No mereces estar aquí!', me dijeron...; María Gabriela.* [Artículo]. Disponible en: http://historico.prodavinci. com/blogs/no-mereces-estar-aqui-me-dijeron-maria-gabriela-por-roberto-mata/

Moleiro, A., (2019, junio 16). *Caracas ha muerto.* [Artículo]. Disponible en: http://www.cesarmiguelrondon.com/intereses/ tambien-sucede/caracas-ha-muerto-alonso-moleiro/

Osorio, S., (2018, febrero 1) *Periodista venezolana que criticaba a venezolanos que emigraban se fue a Chile.* [Artículo]. Disponible en: https://www.elnuevoherald.com/noticias/mundo/america-latina/ venezuela-es/article197792409.html

Pino Iturrieta, E., (2018, julio 2). *La famosa carta de Bolívar a su tío.* [Artículo]. Disponible en: https://prodavinci.com/ la-famosa-carta-de-bolivar-a-su-tio/

Redacción de Aporrea, (2006) *¡Por culpa del castro-comunismo!: para estas vacaciones 98 por ciento de los cupos para Florida y Europa están vendidos.* Disponible en: https://www.aporrea.org/ actualidad/n79668.html

Redacción de Associated Press, (2007, marzo 19). *Consumerism, Not Socialism, Is On The Rise in Venezuela.* [Artículo]. (Traducción del autor). Disponible en: https://www. mercurynews.com/2007/03/19/ consumerism-not-socialism-is-on-the-rise-in-venezuela/

Redacción de Cagaepais, (2007, octubre 26). *¿Tolerar la intolerancia?* [Artículo]. Disponible en: https://cagaepais.wordpress. com/2007/10/26/¿tolerar-la-intolerancia/#more-259

Redacción de Chigüire Bipolar, (2008, diciembre 28). *La señora María Alejandra López de Gutiérrez cae por inocente.* [Artículo].

Disponible en: https://www.elchiguirebipolar.net/28-12-2008/
la-senora-maria-alejandra-lopez-de-gutierrez-cae-por-inocente/

Redacción de Chigüire Bipolar, (2009, abril 29). *Señora María Alejandra López crea más de 10 chavistas en un día*. [Artículo]. Disponible en: https://www.elchiguirebipolar.net/29-04-2009/ senora-maria-alejandra-lopez-crea-mas-de-10-chavistas-en-un-dia/

Redacción de Chigüire Bipolar, (2009, marzo 20). *Entrevista a la señora Marialejandra López*. [Artículo]. Disponible en: https://www.elchiguirebipolar.net/20-03-2009/ entrevista-a-la-senora-marialejandra-lopez/

Redacción de Con el mazo dando, (2017, diciembre 23). *¡Increíble! Mire lo que le regalaron a Lilian Tintori sus amigas sifrinas*. [Artículo]. Disponible en: https://www.conelmazodando.com.ve/ increible-mire-lo-que-le-regalaron-a-lilian-tintori-sus-amigas-sifrinas-raya

Redacción de Diario de Caracas, (2013, agosto 5). *Iris Valera a María Corina: Esa sifrina es una mitómana*. [Declaración]. Disponible en: http://diariodecaracas.com/politica/iris-varela-maria-corina-esa-sifrina-es-mitomana?utm_source=buffer&utm_medium=twitter&utm_campaign=Buffer&utm_content=bufferde5a4&fbclid=IwAR2w9OryJl hCkvPqeObz6c5CXMOZD-JpcoO8dVR_si-na_FeDHyr4SXGQUc

Redacción de El Cooperante, (2018, diciembre 11). *El último mensaje de Renny Ottolina que cobra fuerza en la Venezuela socialista*. [Artículo]. [Video]. Disponible en: https://elcooperante. com/el-ultimo-mensaje-de-renny-ottolina-que-cobra-fuerza-en-la-venezuela-socialista-video/

Redacción de El Nacional, (2016, julio 13). *Rafael Poleo: Las características de MCM son de aristócrata bien vestida*. [Declaración]. Disponible en: https://www.elnacional.com/

venezuela/politica/rafael-poleo-las-caracteristicas-mcm-son-aristocrata-bien-vestida_243976/

Redacción de La Información, (2014, marzo 25). *María Corina Machado es el nuevo objetivo de Nicolás Maduro.* [Artículo]. Disponible en: https://www.lainformacion.com/mundo/maria-corina-machado-es-el-nuevo-objetivo-de-nicolas-maduro_u3vq52gs7cmnnggcichtx3/

Redacción de Lucha de Clases, (2006, agosto 31). *La Alcaldía Metropolitana de Caracas expropia los campos de golf del Country Club para construir viviendas.* Disponible en: https://luchadeclases.org.ve/?p=1817

Redacción de Noticias24 (2012). *Venezuela es el segundo país consumidor de Oreo después de EE UU.* Disponible en: http://economia.noticias24.com/noticia/96028/venezuela-es-el-segundo-consumidor-de-oreo-despues-de-ee-uu/

Redacción de Tal Cual, (2009, noviembre 11). *Auge y caída de un boliburgués.* [Artículo]. Disponible en: http://www.talcualdigital.com/Especiales/Viewer.aspx?id=28770

Revista Clímax, (2016, marzo 1). *Osly Hernández en la Asamblea Nacional (2007).* [Video en Youtube]. Disponible en: https://www.youtube.com/watch?v=ltCdwTq1cBA

Rivas, N., (2007, enero 22). *Las lágrimas de Carmen Ramia por el ateneo de Caracas.* [Artículo]. Disponible en: https://www.aporrea.org/oposicion/a70921.html

Rodríguez, J.M., (2007, junio 6). *Reflexiones de un camionero sobre la libertad de expresión.* Disponible en: https://www.aporrea.org/medios/a35962.html

Rodríguez Rojas, P., (2017, marzo 2). *La clase media en Venezuela (2)*. [Artículo]. Disponible en: https://www.aporrea.org/ideologia/a242118.html

Rusell, M.: (2019, julio 9). *New Coke Didn't Fail. It Was Murdered*. Disponible en: https://www.motherjones.com/food/2019/07/what-if-weve-all-been-wrong-about-what-killed-new-coke/

Silva, J.M., (2009, octubre 15). *El discreto encanto de la burguesía*. [Artículo]. Disponible en: https://www.panfletonegro.com/v/2009/10/15/el-discreto-encanto-de-la-burguesia/

Silva, J.M., (2012, diciembre 27). *Burgueses y bohemios: La ciudad que no existe*. [Artículo]. Disponible en: https://www.panfletonegro.com/v/2012/12/27/burgueses-bohemios-la-ciudad-que-no-existe/

Silva, J.M., (2014, julio 4). *Contra la satanización de la clase media*. [Artículo]. Disponible en: https://www.panfletonegro.com/v/2014/07/04/contra-la-satanizacion-de-la-clase-media/

Straka, T., (2015, noviembre /diciembre). *La larga tristeza (y esperanza) venezolana*. [Artículo]. Disponible en: https://nuso.org/articulo/la-larga-tristeza-y-esperanza-venezolana/

Suniaga, S., (2010, diciembre 18). *10 Características típicas de las doñas opositoras*. [Artículo]. Disponible en: http://lecorvomecanique.blogspot.com/2010/12/10-caracteristicas-tipicas-en-donas.html

Tilla, E., (2018, octubre 29). *Little Caracas, el barrio de lujo que se ha instalado en el centro de Madrid*. [Artículo]. Disponible en: https://www.revistagq.com/noticias/articulos/little-venezuela-pisos-lujo-madrid/31440

Toro, F., (2016, mayo 12). *Venezuela Is Falling Apart*. [Artículo]. (Traducción del autor). Disponible en: https://www.theatlantic.com/international/archive/2016/05/venezuela-is-falling-apart/481755/

Toro, F., (2019, mayo 4). *Dear Codepink Activist, You're Right*. [Artículo]. (Traducción del autor). Disponible en: https://www.caracaschronicles.com/2019/05/04/dear-codepink-activist-youre-right/

Trujillo, C., (2018, septiembre 25). *María Corina Machado, la opositora más popular*. [Artículo]. Disponible en: https://www.diariolasamericas.com/maria-corina-machado-la-opositora-mas-popular-n4162838

Urdaneta, O. (2007). *¿Qué haremos en el PSUV para combatir la Corrupción?* Aporrea. Disponible en: https://www.aporrea.org/contraloria/a39511.html

Valery, Y., (2010, mayo 26). *Venezuela consumista.* [Artículo]. Disponible en: https://www.bbc.com/mundo/america_latina/2010/05/100504_consumo_venezuela_intro

Veloz, A., (2015, septiembre 18). *Café Atlantiqué: de la utopía petrolera a los mandiles famosos*. [Artículo]. Disponible en: https://elestimulo.com/bienmesabe/cafe-atlantique-de-la-utopia-petrolera-a-los-mandiles-famosos/

agradecimientos

Soy de aquella generación que no recuerda las Torres Gemelas ni la capa de ozono. Tampoco recuerda el siglo veinte ni la democracia venezolana. Por ese inconveniente cronológico se me hubiese hecho imposible hablar de tres décadas que no viví (y en una de ellas apenas fui un niño) sin la ayuda de muchas personas increíbles.

Primero, quisiera agradecer a mis followers en @Sifrizuela que han hecho de este proyecto –este hibrido mediático– lo que es hoy en día. También a mi familia, por su apoyo y su paciencia ante mis interrogaciones socio-históricas. Quiero agradecer a mi equipo de colaboradores –C.E.E., I.S., G.G., F.A., V.C., A.V.C., N.R. y D.P. – por expandir mi visión y entablar conversaciones sumamente enriquecedoras.

Quiero agradecer especialmente a Sarah, por su empeño en diseñar el libro y por sobrellevar todos los subibajas que eso significó.

También quiero agradecer a Isabel, Ana Elisa, Pecchio, Dimy y a Tiana por ser mis fuentes orales sobre la vida sifrina perdida en los anales de la historia. También a Carlos Emilio, por su lectura y su dulce prólogo, y a Ignacio por sus comentarios enriquecedores; a Diego, por su guiatura, y a Cinzia, por su paciencia conmigo. Agradezco al Archivo Fotografía Urbana por la foto de portada. Finalmente, quisiera agradecer a Toto: por inspirarme a hacer un blog en mi adolescencia y por leer el manuscrito de manera tan profunda para dar así sugerencias tan ingeniosas.

www.ingramcontent.com/pod-product-compliance
Lightning Source LLC
Chambersburg PA
CBHW020613270326
41927CB00005B/311